W0345327

Dunja Rieber ist Ernährungswissenschaftlerin und Redakteurin. Sie schreibt für verschiedene Zeitschriften und teilt so ihre Leidenschaft für gesundes, aber trotzdem leckeres Essen mit ihren Lesern. Ihr Motto beim Kochen lautet: schnell, frisch und lecker, denn neben Familie und Beruf bleibt nicht viel Zeit, um lange in der Küche zu stehen.
Beim Thema Low Carb steht für sie die Gesundheit im Fokus: den Speiseplan mit viel frischem Gemüse, Hülsenfrüchten, Quinoa, Nüssen und Früchten zu bereichern und dafür ungesunde Zucker- und Weißmehlkohlenhydrate zu reduzieren – da kommt das Abnehmen ganz von allein!
Die besten Rezepte und Tipps stecken in diesem Buch.
Für ihre Arbeit wurde Dunja Rieber mit dem Journalistenpreis der Deutschen Gesellschaft für Ernährung (DGE) ausgezeichnet.

DUNJA RIEBER

Low Carb

KOCHEN MIT DEM THERMOMIX®

TRIAS

Zeit für mich

Wir geben Ihnen nicht nur tolle Rezepte an die Hand – sondern schenken Ihnen auch noch Zeit für sich! Das Herz-Icon zeigt Ihnen an, wie lange Sie die Beine hochlegen oder ein Tässchen Kaffee genießen können, während der Thermomix für Sie arbeitet.

THERMOMIX QUEEN

Werden Sie die Queen in Ihrer Küche – die Krönchen bei den Rezepten zeigen Ihnen den Schwierigkeitsgrad an: von ganz unkompliziert bis etwas anspruchsvoller.

Die Rezepte in diesem Buch wurden mit dem TM 5 entwickelt – sie funktionieren aber auch im TM 31!

Ganz einfach abnehmen

Rezepte

Extras

Nie wieder Diät, versprochen!

Kennen Sie das? Ein oder zwei Wochen quält man sich durch die Diät und nimmt einige Kilo ab. Dann isst man wieder wie immer und schnell hat man die Kilos wieder drauf, manchmal sogar noch mehr als vorher. Strenge Verbote und allzu kleine Portionen machen den Esstisch zur Kampfzone – Essen mit Genuss und Wohlgefühl sieht definitiv anders aus.
In unserer Familie habe ich schon immer auf eine möglichst gesunde Ernährung mit naturbelassenen Zutaten geachtet – Limonade, pappsüße Kuchen und Fertigprodukte standen höchst selten auf dem Speiseplan. Aber als ich mit meiner zweiten Tochter schwanger war und mit starken Blutzuckerschwankungen zu kämpfen hatte, beschäftigte ich mich zum ersten Mal intensiv mit dem Thema »Low Carb«. Ich achtete darauf, so wenig Zucker und einfache Kohlenhydrate wie möglich zu essen, und machte mich auf die Suche nach Alternativen, die gleichzeitig gesund, reich an Nährstoffen, jedoch arm an einfachen Kohlenhydraten sind. So bekam ich meinen Blutzucker in den Griff. Und nach zwei Schwangerschaften und Babyphasen mit wenig Zeit für Sport purzelten dank Low Carb sogar die letzten Schwangerschaftspfunde.
Ich begann weiter in der Küche zu experimentieren und nicht nur ich, sondern auch meine Familie war begeistert von den neuen Geschmackserlebnissen. Ich bereitete Pfannkuchen aus Mandelmehl zu, kochte Reis aus Blumenkohl und Nudeln aus Zucchini. Uns allen schmeckte es und gleichzeitig essen wir seitdem viel mehr Gemüse.
Heute stehen viele Low-Carb-Gerichte ganz selbstverständlich auf unserem Speiseplan, genauso kochen wir aber auch mal »normale« Pasta und essen zur Brotzeit Vollkorn-Käse-Semmeln – und das Wohlfühlgewicht stimmt! Mein Devise beim Abnehmen lautet daher: Neue, schlanke Gewohnheiten müssen leicht umzusetzen sein, damit man sie dauerhaft beibehält. Und das klappt mit weniger Kohlenhydraten besonders gut, weil Sie bei garantiert vollen Tellern genießen können und dabei gleichzeitig abnehmen. Statt starrer Diätpläne kann jeder ganz flexibel, passend zu seinem Alltag, mal morgens, mal mittags oder abends Kohlenhydrate einsparen. So bleibt der Genuss garantiert nicht auf der Strecke. Und damit Sie gleich loslegen können, finden Sie hier neben vielen Tipps und Tricks meine besten Rezeptideen für Frühstück und Brotzeit, tolle Sattmachergerichte ohne und mit Fleisch sowie süße Leckereien, die garantiert keine Sünde sind. Viel Spaß damit!

Landshut, im Sommer 2017
Dipl. oec. troph. Dunja Rieber

Ganz einfach abnehmen

Der Thermomix – genial für die Low-Carb-Küche

DIE BESTE NACHRICHT GLEICH VORWEG: IHR THERMOMIX ÜBERNIMMT BEIM LOW-CARB-KOCHEN DIE MEISTE ARBEIT – UND SIE KÖNNEN UNBESCHWERT GENIESSEN UND DABEI ABNEHMEN!

Zugegeben, anfangs erfordert es etwas Umdenken, wenn man beim Kochen Kohlenhydrate einsparen möchte. Aber mit etwas Know-how und einem Thermomix in der Küche ist das Low-Carb-Kochen weder kompliziert noch zeitaufwendig. Denn wer hat schon Lust, ewig in der Küche zu hantieren? Nur wenn Gerichte den Praxistest überstehen und wirklich einfach zuzubereiten sind, kommen sie auch mehrfach auf den Esstisch – und helfen so, langfristig die Essgewohnheiten umzustellen.

FIX GERÜHRT, GEHACKT, GEGART

Weil beim kohlenhydratarmen Kochen tatsächlich mehr geschnippelt, gehäckselt und geknetet wird, ist der Zaubertopf hier eine wunderbare Küchenhilfe. Man spart sich das mühselige Kleinschneiden, Rühren oder Reiben von Hand. Mit dem Thermomix geht das alles fast wie von selbst. So macht das Low-Carb-Kochen wirklich Spaß!

Gemüse raspeln

Frisches Gemüse spielt in der Low-Carb-Küche die zentrale Rolle – ob klassisch als Rohkostsalat, in Aufstrichen, Suppen und als Beilage. Einige Sorten kommen sogar zu ganz neuen Ehren: Aus Brokkoli und Blumenkohl wird Reis, statt Semmelbrösel kommen raspelfeine Möhrchen als Kruste auf den Auflauf und sogar Pizzateig lässt sich aus zerkleinertem Gemüse zaubern. Klar, dass das Schneiden und Hacken ohne Küchenmaschine viel Arbeit macht. Mit einem Thermomix ist das alles in Sekundenschnelle erledigt.

Mehl selbst mahlen

Von Kichererbsenmehl über Quinoamehl bis hin zu Mandelmehl – mittlerweile gibt es eine ganze Reihe von vollwertigen Mehlen ohne viele Kohlenhydrate. Der Haken: Sie sind um ein Vielfaches teurer als herkömmliche Mehle und zudem teilweise nicht einfach zu bekommen. Dabei gibt es die Grundzutaten oft sogar beim Discounter zum günstigen Preis und Sie können aus getrockneten Kichererbsen, Quinoa oder Mandeln mit dem Thermomix zu Hause blitzschnell selbst Mehl mahlen.

Dämpfen leicht gemacht

Das Dämpfen im Thermomix ist supersimpel und vitaminschonend. Denn Gemüse, Fisch und Fleisch garen im Varoma über Wasser-

dampf. Beim herkömmlichen Kochen im Topf geht viel Gutes ins Kochwasser über und wird dann weggeschüttet. Beim Dämpfen bleiben nicht nur wesentlich mehr stoffwechselfördernde Vitamine und Mineralien in den Lebensmitteln erhalten, es stecken auch noch mehr Aromastoffe drin.

Low-Carb-Brot backen

Für die meisten bilden Brot und Brötchen die Basis für jedes Frühstück und auch für die Abendmahlzeit. Eiweißbrote vom Bäcker enthalten jedoch häufig viele Zusatzstoffe und künstliche Hilfsmittel und es gibt keine genauen Vorschriften über den tatsächlichen Gehalt an Eiweißen und Kohlenhydraten. Und teuer sind sie obendrein. Das Gleiche gilt für Low-Carb-Backmischungen, die für Brote, Brötchen und auch süße Kuchen angeboten werden. Dabei lassen sich mit dem Wunderkessel ratzfatz Teige kneten, die arm an Kohlenhydraten sind. So wissen Sie genau, was drinsteckt – und frisch gebacken aus dem Ofen schmeckt es noch mal so gut!

Gesunde Snacks auf Vorrat

Ab jetzt nie wieder Kräcker, Kekse und Co.? Wer Appetit hat und dann nichts Passendes, Gesundes im Haus hat, greift umso schneller doch zu zuckrigen oder salzigen Leckereien. Das muss nicht sein, schließlich rührt der Thermomix im Nu Teige für kohlenhydratarme Snacks für Sie. Wenn Sie sich zu Hause einen kleinen Vorrat anlegen, können Sie zwischendurch ohne schlechtes Gewissen eine Kleinigkeit naschen.

Familientauglich

Für die Familie extra kochen und man selbst knabbert an Diätkost? Das ist keine gute Idee. Erstens ist der doppelte Kochaufwand für die meisten zeitlich kaum zu bewältigen, zweitens hält so eine Diät kaum jemand durch. Klar, nicht bei allen Essenswünschen der Familie kann man mitziehen. Aber weil bei Low Carb der Fokus auf gesundem Gemüse, Hülsenfrüchten, Nüssen, magerem Fleisch und Fisch sowie wenig Zucker liegt, dürfen Mann und Kinder gerne mitschlemmen. Das Vitaminkonto freut sich! Und wenn der Anhang Kartoffeln als Beilage bekommt, garen Sie sich im Varoma einfach etwas Topinambur oder eine Portion Gemüse mit – ohne Extratopf auf dem Herd. Viele Rezepte lassen sich auch prima mit etwas gegartem Reis

Pölsterchen ade durch weniger Pasta und Co.? Wer Kohlenhydrate reduziert, nimmt tatsächlich besonders wirksam ab. Das bestätigen auch Diätforscher.

oder Nudeln familientauglich ergänzen. Und wenn die Wünsche doch mal zu weit auseinandergehen? Dann zaubert der Wunderkessel blitzschnell eine gesunde Low-Carb-Alternative für Sie.

WENIGER KOHLENHYDRATE – SCHNELLER SCHLANK

Nicht nur anerkannte Stoffwechselexperten halten viel von einer kohlenhydratarmen Ernährung, auch die persönlichen Erfahrungen vieler Tausender Frauen und Männer, die erfolgreich abgenommen haben, sprechen für den Erfolg. Die englische Abkürzung für diese Methode lautet: »Low Carb«. Sogar die renommierte Harvard-Universität bestätigt die Wirksamkeit von Low Carb. Die Diätexperten analysierten die Daten von rund 68000 Probanden mit dem Ergebnis: Personen, die in ausgewogenem Maße auf Kohlenhydrate verzichteten, verloren mehr Gewicht und konnten es auch nach einem Jahr noch halten.

Die Basics des Kohlenhydratstoffwechsels

Kohlenhydrate sind neben Fetten und Eiweißen einer der drei Hauptbestandteile unserer Nahrung. Hauptaufgabe der Kohlenhydrate ist es, unsere Muskeln und unser Gehirn mit Energie zu versorgen. Man unterteilt die Kohlenhydrate in einfache und komplexe Kohlenhydrate sowie in Ballaststoffe. Einfache Kohlenhydrate wie Zucker liefern schnelle Energie; komplexe Kohlenhydrate, z. B. in Vollkorn, bestehen aus längeren Ketten aneinandergereihter Kohlenhydrate. Sie werden langsamer in Energie umgewandelt, weil sie erst im Darm aufgespalten werden müssen. Ballaststoffe z. B. in Hülsenfrüchten, Nüssen, Obst und Gemüse übernehmen im Stoffwechsel wichtige Funktionen, auch wenn sie selbst weder Kalorien noch Vitamine und Mineralstoffe liefern und sogar weitestgehend unverdaulich sind. Sie regulieren die Verdauung, sorgen für eine gesunde Darmflora und fördern damit auch ein gesundes Immunsystem.
Damit der Körper sie verwerten kann, werden sowohl einfache als auch komplexe Kohlenhydrate während der Verdauung in einfache Zuckerbausteine aufgespalten. Daraus wird dann Energie gewonnen – oder die Zuckerbausteine werden für später als Reserve gespeichert: immer dann, wenn mehr Kohlenhydrate vorhanden sind, als benötigt werden. Und genau dieser Speicherprozess macht uns dick. Ernährungsexperten und Ärzte sind sich mittlerweile einig, dass das Zuviel an Kohlenhydraten die Hauptursache für die überflüssigen Pfunde ist.

Darum macht es Sinn, beim Essen Kohlenhydrate einzusparen

Die vom Darm aufgespaltenen einfachen Zuckerbausteine werden ins Blut abgegeben und zirkulieren dort. Je mehr Zuckerbausteine sich im Blut befinden, desto höher der sogenannte Blutzuckerspiegel. Damit die Zuckerbausteine von den Körperzellen als Energiequelle genutzt werden können, bildet die Bauchspeicheldrüse eine Schlüsselsubstanz des Fettstoffwechsels: das Insulin. Das Hormon schleust die Zuckerbausteine in die Zellen so lange, bis der Blutzucker verbraucht ist und somit auch kein Insulin mehr benötigt wird. Was die Körperzellen nun nicht direkt verbrauchen, saugen die Fettzellen auf wie ein Schwamm. Dieser Insulinmechanismus ist der Grund, warum Kohlenhydrate (englisch »Carbs«) die größte Abnehmbremse überhaupt sind. Anstatt den Zellen gleichmäßig Energie bereitzustellen, lagert der Körper alles in den Fettdepots ein – für später, darauf ist der Stoffwechsel leider noch aus Urzeiten programmiert, schließlich hatte der Steinzeitmensch in Notzeiten davon zu zehren.

Insulinflut und Heißhunger

Noch eine weitere ungünstige Wirkung hat das Insulin auf den Erfolg beim Abnehmen: Je mehr einfache Zucker im Blut zirkulieren, umso mehr Insulin wird gebildet und umso rascher sinkt der Blutzuckerspiegel wieder ab, d. h., umso schneller wird der Zucker erst in die Körperzellen, dann in die Fettzellen transportiert. Der Körper wittert hier seine Chance auf gute Nährstoffreserven. Wenn nun jedoch gar kein Zucker mehr im Blut bleibt, versetzt das unser Gehirn in Alarmbereitschaft. Gänzlich ohne Zucker im Blut kann es nicht bzw. nur unter erschwerten Bedingungen arbeiten und sendet daher die Botschaft: Heißhunger! Wer jetzt nicht widerstehen kann, setzt den Insulinkreislauf noch mal in Gang und füttert erneut die Fettzellen.

Isst man dauerhaft übermäßig viel Zucker und einfache Kohlenhydrate, bringt man damit das natürliche Stoffwechselgleichgewicht und sein Hungergefühl ins Wanken. Das strapaziert die Bauchspeicheldrüse, die somit immer wieder neues Insulin nachproduzieren muss. Das wiederum hat nicht nur kurzfristige Folgen für den Stoffwechsel, sondern macht unserer Gesundheit auch langfristig zu schaffen:

Unmittelbare Folgen zu vieler Carbs:

- Einschleusen von Zuckerbausteinen und Nährstoffen in die Zellen und Fettdepots
- Auf besonders hohe Insulinmengen im Blut folgt ein extrem abgesackter Blutzuckerspiegel – Heißhunger und übermäßiger Appetit auf Süßes lassen nicht lange auf sich warten.

Langfristiger Effekt:

- Die Fettzellen wachsen und vergrößern sich bis auf das 200-Fache, Gewichtszunahme
- Sind unsere Zellen quasi dauerhaft der Insulinwirkung ausgesetzt, stumpfen sie ab und können trotz gesteigerter Insulinausschüttung immer weniger Nährstoffe aufnehmen. Die Zuckerbausteine verbleiben im Blut, der Blutzucker steigt auf krankhafte Werte an. Die sogenannte Insulinresistenz entsteht und eine Reihe von Folgeerkrankungen wie z. B. Diabetes wird begünstigt.

GESUNDE FETTE HELFEN BEIM ABNEHMEN

Unser Organismus ist nicht darauf programmiert, mit wenig Nahrung gut auszukommen. Essen wir reduzierte Mengen, signalisiert unser Körper: Achtung – Hunger, Notfall! Um das Defizit an Energie auszugleichen, passieren zwei Dinge:

- Unser Gehirn sendet permanent Hungersignale aus. Da ist es fast unmöglich, dauerhaft zu widerstehen.
- Nach ein paar Tagen des Hungerns lernt der Stoffwechsel, mit weniger Energie auszukommen, und speichert dann zudem auch noch mehr Kalorien als vorher als Notreserve ab.

Das ist der Grund, warum man mit allzu extremen Diäten keinen dauerhaften Erfolg haben kann. Fast immer nimmt man danach sogar zu.

Daher lautet die wichtigste Grundregel von Low Carb: Ungesunde Kohlenhydrate durch gute Fette, Eiweiße und auch Ballaststoffe ersetzen. Nur so ist es möglich, die Anti-Hunger-Notmechanismen der Natur zu überlisten.

Die richtigen Fette essen

Wirklich mehr Fette zum Abnehmen? Dass Fette die Übeltäter überflüssiger Pfunde sind, ist längst überholt. Fette sind zudem lebensnotwendig und sie transportieren die fettlöslichen Vitamine A, D und E. Auf die Qualität kommt es an: »Fettbewusst statt fettarm« lautet der heutige Stand der Forschung. Klar, Fett liefert viele Kalorien, aber das Zuviel an

Ballaststoffe – Abnehmen mit gesunden Kohlenhydraten

GANZ AUF KOHLENHYDRATE VERZICHTEN, UM NOCH SCHNELLER ABZUNEHMEN? DIESER TREND IST PASSÉ. ES GIBT AUCH GUTE »CARBS«, DIE BEIM ABNEHMEN HELFEN.

Ein Low-Carb-Speiseplan bedeutet keineswegs, dass man komplett auf Kohlenhydrate verzichten und sich nur noch von Fleisch und Eiern ernähren muss. Eine gewisse Menge ist erlaubt und gesund – es müssen nur die richtigen sein: Kohlenhydrate, die nicht direkt in die Fettzellen wandern. Ideal sind »Carbs« in Form von Ballaststoffen, die zu den unverdaulichen Kohlenhydraten zählen. Ballaststoffe können nur in sehr geringem Umfang vom Körper aufgespalten werden. Daher hat der Darm an ihnen gut zu tun und die gesamte Verdauung nimmt mehr Zeit in Anspruch. Die Folge: Die Zuckerbausteine gelangen über einen größeren Zeitraum verteilt ins Blut, der Blutzuckerspiegel steigt langsamer und bleibt auf einem niedrigeren Niveau. So wird weniger vom Fettspeicherhormon Insulin ausgeschüttet.

Ganz nebenbei fördern Ballaststoffe auch das Wachstum gesunder Darmbakterien, die im Körper viel Gutes bewirken, Krankheiten und Allergien vorbeugen und das Immunsystem stärken. Neueste Forschungen zeigen, dass eine gesunde, durch Ballaststoffe geprägte Darmflora auch den Fettstoffwechsel und die Insulinempfindlichkeit der Zellen positiv beeinflusst. Der Ballaststoff Inulin aus Topinambur, Zwiebeln, Artischocken und Knoblauch und auch die Ballaststoffe aus anderen Gemüsesorten sowie Kichererbsen, Linsen, Quinoa und vollwertigem Getreide wirken wie Kraftfutter auf die guten Darmkeime – und damit auch auf den Stoffwechsel. So nimmt man also nicht nur ab – auch unsere Gesundheit freut sich.

Darum helfen Ballaststoffe beim Abnehmen:

- Sie haben keine oder fast keine Kalorien. Lebensmittel, in denen reichlich Ballaststoffe stecken, sind von Natur aus fettarm.
- Ballaststoffe wirken in Magen und Darm wie ein Schwamm. Sie nehmen Wasser auf, füllen und dehnen den Magen. Die Folge: Man ist schneller satt.
- Sie lassen Magen und Darm ordentlich arbeiten. Verdauung und Aufspaltung der Nahrung verlangsamen sich – der Insulinspiegel bleibt über Stunden niedrig, die Fettverbrennung läuft optimal und Heißhunger wird ausgebremst.
- Die Ballaststoffstars unter den Lebensmitteln haben eins gemeinsam: Es muss gut gekaut werden, man widmet dem Essen ganz automatisch mehr Zeit.

Und Vollkorn? Zwar enthält Vollkorn, bei dem die ballaststoffreiche Kornschale erhalten bleibt, mehr Ballaststoffe als Weißmehlprodukte, sodass die Insulinausschüttung nach einer Scheibe Roggenvollkornbrot wesentlich milder ausfällt als nach einer Scheibe Baguette. Dennoch reicht es, um nach einem typischen Abendbrot die Fettzellen zu füllen. Kleine Mengen von 1–2 Esslöffeln Vollkornmehl oder Vollkornflocken behindern jedoch nicht den Abnehmerfolg, sorgen für ein lang anhaltendes Sättigungsgefühl und bereichern den Speiseplan um wertvolle B-Vitamine, Eisen und Magnesium.

Gesunde Distel

GANZ EGAL, OB FRISCH ODER AUS DER DOSE: 100 G ARTISCHOCKEN LIEFERN 11 G BALLASTSTOFFE. DAMIT SIND SIE NEBEN KOHL EINE DER BALLASTSTOFFREICHSTEN GEMÜSESORTEN ÜBERHAUPT. SIE SCHMECKEN GUT IM SALAT, AUF PIZZA, AUF BROT ODER GEBRATEN ZU FLEISCH.

Viel trinken

Bei einer ausgewogenen Low-Carb-Ernährung landen Ballaststoffe ganz automatisch vermehrt auf den Tellern. Für das Quellen in Magen und Darm braucht der Körper extra Flüssigkeit. Immer empfehlenswert ist Mineralwasser, das durch die enthaltenen Mineralien zusätzlich den Stoffwechsel anregt. Ebenfalls gut: zuckerfreie Roiboos- oder Früchtetees.

Spitze!

Kohl ist ein super Lieferant für Ballaststoffe und Vitamine. Ideal: Spitzkohl – er ist fast ganzjährig erhältlich und besonders bekömmlich.

Anis macht's bekömmlich

HÜLSENFRÜCHTE SIND DIE SUPERSTARS UNTER DEN BALLASTSTOFFLIEFERANTEN. EINE PRISE GEMAHLENER FENCHEL ODER ANIS IM ESSEN MACHT SIE LEICHTER VERDAULICH.

Ballaststoffe

IN G PRO 100 G LEBENSMITTEL

LEINSAMEN	39
KICHERERBSEN	7
WEISSE BOHNEN	7
BROKKOLI	3
ROSENKOHL	4,5
WIRSING	2,5
MANDELN	14
AUSTERNPILZE	6

Die bessere Kartoffel

Äußerlich sehen Topinambur-Knollen Ingwer zum Verwechseln ähnlich, schmecken aber wie eine Mischung aus Kartoffeln und Artischocke. Sie werden am besten mit dem Sparschäler geschält und können dann wie Kartoffeln gekocht oder roh in der Pfanne gebraten werden. Mittlerweile wird das eisenreiche Gemüse auch hierzulande angebaut und in der Saison von Oktober bis Mai findet man es oft sogar im Discounter. Die Knolle ist ein wahres Powergemüse und ideal für die Low-Carb-Küche! 100 g Topinambur liefern nur 4 g KH, dieselbe Menge an Kartoffeln liefert fast viermal so viel. Der Grund: In Topinambur steckt keine Stärke, sondern stattdessen der Ballaststoff Inulin. Das Inulin sorgt für schnelle Sättigung, kann vom Körper jedoch nicht aufgespalten werden. Daher ist die Knolle auch äußerst arm an Kalorien und belastet nicht den Blutzuckerspiegel. Topinambur kann geschält und weich gedünstet gut eingefroren werden.

Wer Kohlenhydrate einsparen will, sollte bei gesunden Fetten zugreifen. Denn wählt man die richtigen Sorten, tut man dem Stoffwechsel eine Menge Gutes.

einfachen Kohlenhydraten ist der Grund für wachsende Fettpölsterchen und wirkt sich außerdem negativ auf Herz-Kreislauf-Erkrankungen aus, wie Ernährungswissenschaftler heute wissen. Dass daran etwas dransein muss, kann jeder ganz leicht selber überprüfen: Schließlich war jahrzehntelang die fettarme Ernährung in Mode. Kohlenhydrate bildeten jeweils die Basis der Ernährungspyramide, Fette die winzige Spitze – trotzdem steigt und steigt das Gewicht vieler. Bei Ölen und fetthaltigen Lebensmitteln gibt es allerdings Unterschiede in ihrer Wirkung auf die Gesundheit und den Fettabbau. Besonders günstig für unseren Stoffwechsel sind:

Rapsöl Ich verwende es als Universalöl in der warmen und kalten Küche, weil es als eines der wenigen Pflanzenöle auch hohe Temperaturen aushält. Es verbrennt erst bei über 190 Grad und verträgt damit sogar kurzes Anbraten bei großer Hitze in der Pfanne. Wird im Thermomix angedünstet oder gebraten, werden diese Temperaturen ohnehin nicht erreicht. Rapsöl liefert besonders viele Omega-3-Fette, die im Stoffwechsel entzündungshemmend wirken. Wichtig: Öle nicht so hoch erhitzen, dass es anfängt zu qualmen. Dann nämlich ist der sogenannte Rauchpunkt überschritten. Das Öl verbrennt und es entstehen giftige Verbindungen, die dem Körper schaden.

Natives Kokosöl Mit einem Löffel des weißen, cremigen Fettes verleihe ich Currys, Eintöpfen und asiatischen Gerichten eine exotische Note. Auch zum längeren Anbraten ist es gut geeignet, weil es noch etwas hitzebeständiger ist als Rapsöl. Leider ist es recht teuer. Ob es tatsächlich das Abnehmen unterstützt, wie viele glauben, ist umstritten – aber der Geschmack überzeugt!

Biobutter Diese Butter stammt nicht nur von glücklicheren Kühen – sie ist auch noch gesünder. Dürfen Kühe saftiges Gras von der Weide fressen, enthält ihre Milch und damit auch die Butter besonders viele entzündungshemmende Omega-3-Fette.

Milch, Joghurt & Käse mit natürlichem Fettgehalt Milchprodukte am besten in ihrer natürlichen Form und nicht fettreduziert essen. Denn heute weiß man, dass die Fette aus Milchprodukten besonders günstig zusammengesetzt sind und daher einen positiven Einfluss auf unseren Fettstoffwechsel haben. Fettarmen Joghurts ist zudem häufig viel Zucker zugesetzt.

Avocado In der grünen Frucht steckt neben gesunden pflanzlichen Fetten viel Gutes. Die Avocado ist nämlich eine Vitaminbombe: Viel Vitamin A, E und C unterstützen das Immunsystem und den gesamten Stoffwechsel. Botanisch zählt sie zu den Obstsorten, enthält aber so gut wie keine Kohlenhydrate, sondern ausschließlich Ballaststoffe und ist damit auch ein Top-Sattmacher. In Smoothies unterstützt die Avocado durch ihre hochwertigen Pflanzenfette die Verwertung von Vitaminen und ist auch lecker als Brotbelag.

Nüsse, Kerne & Nussmus Nusskerne liefern neben hochwertigen Fetten und Vitaminen auch viel pflanzliches Eiweiß und Ballaststoffe. Sie schmecken gehobelt oder gehackt prima in Joghurt und Müslis als Getreideflockenersatz, im Ganzen sind sie ein guter Sattmacher in Salaten oder zum Knabbern für zwischendurch. In der Low-Carb-Küche kommen sie gemahlen als Mehlersatz in Kuchen, Keksen und Brot zum Einsatz. Sogar Nussmus können Sie im Handumdrehen mit dem Thermomix zu Hause herstellen.

Nicht zu empfehlen sind Lebensmittel, die als Zutat »pflanzliche Fette, teilweise gehärtet« enthalten. Diese pflanzlichen Fette werden bei der Herstellung chemisch verändert, wodurch ungesunde Transfettsäuren entstehen. Gehärtete Fette kommen z. B. in Blätterteig, Fertiggerichten oder einigen Margarinesorten vor.

BLUTZUCKER UND INSULIN IN BALANCE MIT EIWEISS

Wissenschaftliche Studien über den Stoffwechsel zeigen immer wieder: Eiweiße (Proteine) werden im Gegensatz zu Kohlenhydraten viel langsamer in Körperfett umgewandelt. Der Körper nutzt sie bevorzugt, um neue Zellen, Hormone, Muskeln etc. zu bauen. Das heißt, Eiweiße werden vom Organismus direkt eingesetzt und nicht als Fettreserve gespeichert. Und noch einen Vorteil haben Eiweiße: Ein Gramm des Nährstoffs liefert zwar wie Kohlenhydrate rein rechnerisch ebenfalls 4 kcal. Aber Eiweiße werden anders verdaut. Etwa 30 Prozent der Kalorien verpuffen im Stoffwechsel direkt wieder als Wärme, bei Kohlenhydraten sind es lediglich 5 Prozent.

Weniger Hunger

Klar, das Abnehmen kann nur funktionieren, wenn man nicht ständig Hunger verspürt und ans Essen denken muss. Hierbei können Eiweiße helfen, da sie als Hungerbremse wirken. Das funktioniert so: Dass man nach einer eiweißreichen Mahlzeit länger satt ist als nach einer Portion Weizenmehlpasta, kann jeder an sich selbst beobachten, denn nach einem großen Steak oder Lachsfilet ist unser Verdauungssystem gute fünf Stunden mit der Arbeit beschäftigt, nach Nudeln sind es lediglich drei Stunden. Magen und Darm senden schon während der Verdauung Sättigungssignale ans Gehirn weiter. Ein hoher Gehalt an Ballaststoffen sorgt ebenfalls für ein lange andauerndes Sättigungsgefühl, weil die Pflanzenfasern sehr langsam verdaut werden und zudem für viel Volumen in Magen und Darm sorgen. Diese Dehnung verstärkt das Sättigungsgefühl noch einmal. Eiweiße und Ballaststoffe sind daher eine ideale Kombination zum Abnehmen.

Eiweiß bremst die Zuckerwirkung

Isst man kohlenhydratreich, führt der darauf folgende Insulinanstieg zu einer vermehrten Fettspeicherung. Wer dauerhaft abnehmen will, kommt daher um einen ausgewogenen Anteil an Eiweißen im Speiseplan nicht herum. Denn nach eiweißreichen Mahlzeiten bleibt der Insulinspiegel niedrig – und die Fettverbrennung damit am Laufen. Das gilt auch dann, wenn Kohlenhydrate und Eiweiße gemeinsam gegessen werden. Eiweiß verringert nämlich die blutzuckersteigernde Wirkung von Kohlenhydraten. Daher z. B. fruchtzuckerreiches Obst am besten mit Milchprodukten oder ungesüßtem Sojajoghurt bzw. Sojamilch kombinieren. Denn als Früchtequark steigern Mango oder Beeren das Insulin gleich viel weniger. Es gibt sogar Lebensmittel, die eine gute Portion Eiweiß gleich mitliefern und deshalb trotz der enthaltenen Kohlenhydrate nur einen mäßigen Blutzuckeranstieg bewirken: Hülsenfrüchte wie Kichererbsen und Bohnen sowie die Pseudogetreidearten Quinoa und Amaranth enthalten von Natur aus die Kombination von pflanzlichen Eiweißen, Ballaststoffen und komplexen Kohlenhydraten.

Jojo ade

Bei Crashdiäten sind es nicht nur die Fettpolster, die schwinden. Je schneller die Kilos bei einer Diät purzeln, umso mehr körpereigene Eiweißreserven werden abgebaut. Als Erstes wird der Körper die Muskulatur abbauen, deren Grundbaustein Eiweiße sind. Die Folge: Unser Kalorienbedarf sinkt, weil die Muskeln besonders viel Energie verbrauchen. Nach einiger Zeit setzt dann der berühmte Jo-Jo-Effekt ein. Man nimmt schnell wieder zu, obwohl man vielleicht sogar immer noch reduzierte Mengen isst. Ein ausgewogener Eiweißanteil im Speiseplan verhindert, dass die Muskelmasse abgebaut wird.

Ein ausgewogener Kohlenhydratanteil in der Ernährung ist der Schlüssel, um langfristig das Gewicht zu halten.

Low Carb vegetarisch?
Viele denken bei einer kohlenhydratarmen Ernährung automatisch an Schinken und Steak. Aber nicht nur Tierisches wie Fleisch, Fisch, Eier und Milchprodukte liefert viel Eiweiß. Auch pflanzliche Lebensmittel liefern hohe Mengen davon. Hülsenfrüchte wie Bohnen, Kichererbsen und Linsen sind gute Lieferanten, ebenso Quinoa und Amaranth sowie Nüsse, Leinsamen und Chia-Samen. Und nicht nur Vegetarier profitieren davon. Denn einzelne Lebensmittel können nicht das gesamte Spektrum an lebensnotwendigen Eiweißen sichern. Daher gilt sowohl für Vegetarier als auch für Fleischfans: am besten die Eiweißquellen abwechseln.

SO FÄLLT DIE UMSTELLUNG LEICHT

Ein ausgewogener Kohlenhydratanteil in der Ernährung ist der Schlüssel, um langfristig das Gewicht zu halten. Doch wie viele Kohlenhydrate sind nun noch »Low Carb« innerhalb einer gesunden, dauerhaft angelegten Ernährung?

So viele Kohlenhydrate dürfen es sein
Die ideale Menge an Kohlenhydraten sind bis zu 100 g am Tag. Das ist etwas weniger als die Hälfte der Menge, die im Schnitt auf unseren Tellern landet. Hierzulande sind es sonst nämlich etwa 220 g am Tag, die der Durchschnittsbürger verspeist. Davon allein rund 50 g reiner Zucker! Auch Mediziner setzen darauf, den Kohlenhydratanteil in der Ernährung gemäßigt anstatt radikal zu reduzieren, weil es auf lange Sicht erfolgversprechender und insgesamt gesünder ist. In der Ernährungsmedizin werden mit diesem ausgewogenen Low-Carb-Ansatz sogar erhöhte Blutfettwerte reduziert. Dagegen begünstigen extreme Diätvarianten mit deutlich weniger Kohlenhydraten auf dem Speiseplan Heißhunger und man verändert nicht langfristig sein Essverhalten.

Kein Hunger
Einen knurrenden Magen gibt es bei Low Carb nicht. Zwar fallen besonders kohlenhydratreiche Lebensmittel weg, aber dafür kann man vermehrt auf Eiweiß, gesunde Fette und Ballaststoffe setzen. Bei Gemüse, Fisch, magerem Fleisch, Milchprodukten, Avocado, Nüssen und Hülsenfrüchten können Sie bedenkenlos zugreifen.

Richtig satt essen
Bei den meisten Diäten geht es darum, weniger zu essen und sich genau an bestimmte (meist kleine) Portionsmengen zu halten. Das ist bei Low Carb nicht der Fall – kein Kalorienzählen, keine halben Teller. Im Gegenteil: Essen Sie sich zu den Mahlzeiten richtig satt. Der Körper schüttet nämlich nach einer großen Mahlzeit weniger Insulin aus als nach derselben Nahrungsmittelmenge, die in Miniportionen über mehrere Stunden gegessen wird. Wie sehr dauerhaftes Zwischendurchessen schadet, sieht man auch daran, dass viele zum Abnehmen gerne mal eine Hauptmahlzeit streichen – dann jedoch zwischendurch »nur« Obst essen und eine Stunde später wieder einen Müsliriegel oder ein süßes Gebäck zum Kaffee. Die Folge: Der Blutzucker fällt und steigt gleich mehrfach hintereinander, sodass trotz kleiner Mahlzeiten relativ viel Insulin benötigt wird, um ihn auf gleichem Niveau zu halten. Und mit jedem Insulinhoch werden auch wieder die Fettzellen gefüttert. Zum Abnehmen ist es dagegen ideal, wenn der Blutzuckerspiegel möglichst konstant verläuft.

Alle vier Stunden essen
Der beste Weg, zum natürlichen Hungergefühl zurückzufinden, sind längere Essenspausen von mindestens drei, optimalerweise vier Stunden zwischen den Mahlzeiten. Drei

Hauptspeisen und eine Zwischenmahlzeit entweder am Vormittag oder am Nachmittag sind ideal für den Stoffwechsel. Diese Ernährungsweise hält Blutzucker und Insulin niedrig und die Fettverbrennung am Laufen.

Zwischendurch Appetit?

Und wenn Sie der Lust auf Snacks nicht widerstehen können? Das muss nicht gleich den Abnehmerfolg verhindern. Lieber dem Appetit frühzeitig nachgeben, als den Heißhunger stundenlang wachsen zu lassen. Aber auf die schlanke Art: nämlich mit eiweißreichen Snacks, die den Blutzuckerspiegel kaum beeinflussen. Besonders eiweißreich sind z. B. ein Stück Käse, ein Glas ungesüßte Soja- oder Buttermilch oder eine Handvoll Nüsse. Lust auf Kekse oder Süßes? Dann finden Sie in diesem Buch viele Ideen für Low-Carb-Knabbereien (Seite 40) aus Mandelmehl oder Naschereien, die keinen Zucker enthalten. Auch ein Stückchen Bitterschokolade ist okay, wenn der Kakaoanteil bei mindestens 85 Prozent liegt.

Nachtisch zur richtigen Zeit

Klar, Zuckerbomben sollten nicht allzu oft auf dem Speiseplan stehen. Wenn Sie sich ab und zu eine kleine Portion gönnen möchten, sollten Sie diese am besten direkt nach der Hauptmahlzeit genießen, anstatt sich den Süßhunger zu verkneifen – bis irgendwann doch der Heißhunger zuschlägt. Landet Süßes nämlich gemeinsam mit gesundem Fleisch, Gemüse oder Hülsenfrüchten im Bauch, fallen Blutzucker- und Insulinanstieg wesentlich geringer aus, weil Eiweiße und Ballaststoffe die Zuckerwirkung bremsen. Also wenn einem danach ist, lieber direkt nach dem Essen etwas Schokolade genießen.

Weniger salzen

Die Hauptmahlzeiten am besten nicht überwürzen, denn Salziges verstärkt die Lust auf Süßes danach. Kleine Mengen sind okay, aber für mehr Würze lieber auf Kräuter setzen.

Pausen erlaubt

Mal einen Tag das Essen beim Italiener genießen oder auf einer Feier schlemmen? Auch das ist keine Katastrophe für die Figur. Wer bei der nächsten Mahlzeit wieder kohlenhydratarm isst, setzt dem Stoffwechsel wieder den Impuls, vermehrt Fette zu verbrennen. Der Abnehmerfolg steht und fällt damit, wie gut Sie neue Gewohnheiten langfristig im Alltag umsetzen können. Machen Sie es sich also möglichst leicht und sparen Sie Kohlenhydrate dann ein, wann es zu Ihnen und Ihrem Familienalltag passt.

MEIN LOW-CARB-VORRATSSCHRANK

Die gesunden Lebensmittel, die Sie für die Low-Carb-Küche einkaufen müssen, sind in Drogerien oder im Supermarkt leicht zu bekommen. Und schon kann es losgehen!

Kichererbsen

Kichererbsen punkten mit einem niedrigen Kohlenhydratgehalt (15 g/100 g) und liefern reichlich Ballaststoffe (7 g/100 g) sowie viel hochwertiges pflanzliches Eiweiß – super für den Stoffwechsel. Und: Daraus lassen sich natürlich auch Low-Carb-Kichererbsenmehl und Low-Carb-Pasta herstellen. Auch in Eintöpfen oder in Pfannengerichten schmecken sie gut. Geröstet im Ofen sind sie ein gesunder Snack für zwischendurch. Die getrockneten Kichererbsen müssen vor dem Garen am besten über Nacht in Wasser eingeweicht werden und dann noch etwa 55 Minuten im Gareinsatz kochen. Für die Blitzküche einfach gegarte Kichererbsen aus dem Glas wählen.

Weizenkleie

Kleie besteht lediglich aus der äußeren faser- und vitaminreichen Hülle des Getreidekorns.

Alles, was Sie für die gesunde Low-Carb-Küche brauchen, finden Sie in Drogerien oder im Supermarkt.

Fein gemahlen ist sie der beste Sattmacher für Brot- und Kuchenteige. Die zarten Flöckchen schmecken auch prima in Müslis und Joghurt. Und das, ohne den Insulinspiegel zu belasten. Kleie besteht zur Hälfte aus Ballaststoffen und enthält nur Minimengen an Kohlenhydraten. Wer möchte, nimmt Dinkelkleie oder glutenfreie Haferkleie.

Leinsamen & Chia-Samen
Lein- und Chia-Samen kommen in vielen Low-Carb-Broten und Brötchen zum Einsatz. Leinsamen am besten immer geschrotet verwenden, dann quellen sie besser auf. Auch wenn ich grundsätzlich heimische Leinsamen bevorzuge, für bestimmte Speisen sind Chia-Samen besser geeignet. Chia-Samen binden ebenfalls Flüssigkeiten und haben eine weniger harte Schale – ideal für zuckerfreie Marmelade oder stärkefreie Puddings. In Müsli und Gebäck sorgen Chia-Samen für »crunchigen« Knuspergenuss. Beide sind so gut wie frei von Kohlenhydraten.

Quinoa
Dieses sogenannte »Pseudogetreide« kommt aus Südamerika und wurde von den Inkas schon vor 6000 Jahren angebaut. Sie schätzten es als wertvolles und stärkendes Grundnahrungsmittel. Die Zubereitung von Quinoa ist unkompliziert: Die Körner werden einfach wie Reis in Wasser gegart. Je nach Sorte sind sie nach gut 15 bis 20 Minuten gar. Quinoa schmeckt prima als Beilage, in Risotto, aber auch in Aufläufen oder sogar in süßen Müslis. Quinoa ist zwar nicht frei von Kohlenhydraten, hat dem Reiskorn aber einiges voraus. Denn in den Körnchen stecken mehr als doppelt so viele Ballaststoffe und hochwertiges Eiweiß und immer noch 25 Prozent weniger Kohlenhydrate. Als eines der wenigen Lebensmittel enthalten die Körner sogar alle neun lebensnotwendigen Aminosäuren (Eiweiße). Außerdem liefert das glutenfreie Quinoa hohe Mengen an Eisen, Magnesium, Zink und Kalzium – allesamt gut für den Stoffwechsel. Aus den Körnchen lässt sich mit dem Thermomix auch ein gesundes Mehl mahlen. Wichtig: Die Körnchen vor dem Kochen in ein Sieb geben und heiß waschen, um Bitterstoffe zu entfernen.

Mandeln
Normales Weizenmehl ist eine Standardzutat in den meisten Rezepten und daher nicht aus unseren Köpfen wegzudenken. Aber viele fühlen sich gerade nach einer Portion Weizenmehlpasta, Brot oder Kuchen regelrecht aufgebläht. Dabei gibt es eine geniale Alternative aus Mandeln! Mandelmehl ist im Thermomix schnell und preiswert gemahlen und extrem vielseitig einsetzbar. Zudem sind Mandeln optimal für den Fettstoffwechsel: Sie sind arm an Kohlenhydraten (4 g KH/ 100 g), dafür reich an pflanzlichen Eiweißen, Ballaststoffen und gesunden Fetten. Und in ihnen stecken viel Vitamin A und E sowie Magnesium und Eisen. Keine Sorge wegen des Fettgehalts: Mandeln enthalten ausschließlich gesunde Fette, die die Gesundheit und das Abnehmen fördern.

Kohlenhydratarmes Gemüse
Die meisten Gemüsesorten enthalten nur wenig Kohlenhydrate und dafür viele Ballaststoffe. Sie bilden daher die Basis für jede Low-Carb-Ernährung und sind einer der Gründe, weshalb kohlenhydratreduziertes Essen so gesund ist. Hier darf also bedenkenlos zugegriffen werden. Ausnahme: grüne Erbsen, Mais, Pastinaken, Rote Bete und Zuckerschoten. Diese Sorten bitte in Maßen genießen, sie enthalten mittlere Gehalte an Kohlenhydraten. Vom Speiseplan streichen müssen Sie sie aber nicht, da sie sehr reich an Nährstoffen sind und die Gesundheit fördern.

Fruktosearme Obstsorten
In Früchten steckt viel Fruchtzucker (Fruktose), der besonders schnell, schneller als Haushaltszucker, in die Fettdepots wandert. Also lieber kein Obst mehr essen? Das ist keine gute Idee, denn darin steckt auch viel Gutes und wer kann schon frischen Erdbeeren oder saftigen Äpfeln dauerhaft widerstehen? Zudem bremsen die in den Früchten enthaltenen Ballaststoffe zumindest einen Teil der schnellen Kohlenhydrate. Besonders fruchtzuckerreiche Sorten wie Kirschen, Bananen, Birnen, Kaki, Weintrauben und Trockenfrüchte nur in kleinen Mengen genießen. Vergleichsweise fruktosearm sind Mango, Papaya, Ananas, Kiwi, Mandarinen, Orangen, Aprikosen, Pfirsiche, Pflaumen und Beerenfrüchte. Bei Äpfeln kommt es auf die Sorte an. Grüne Granny Smith enthalten rund ein Drittel weniger Fruktose als süße Golden Delicious. Da Früchte neben Fruchtzucker weitere einfache Zucker (Glukose) enthalten, gilt auch für fruktoseärmere Sorten: Wer abnehmen möchte, sollte idealerweise Eiweißreiches, z. B. Joghurt, Sojajoghurt oder Quark, dazu essen. Das Eiweiß hält den Blutzuckerspiegel niedrig, sodass weniger Insulin ins Blut gelockt werden muss.

Reissirup
Reissirup ist frei von Fruktose und beeinflusst den Blutzuckerspiegel im Gegensatz zu Haushaltszucker kaum, weil seine Zuckerbausteine nur langsam ins Blut übergehen. Er wird hauptsächlich in flüssiger Form angeboten, meist in praktischen Dosierflaschen zum Drücken. Reissirup besteht aus gemahlenem Reis und Wasser, der durch natürliche Fermentation aufgelöst wird. Ich verwende Reissirup vor allem zum Süßen von Kaffee und Tee, Müsli und Joghurt sowie zum Backen. Reissirup süßt etwas weniger intensiv als Zucker, was jedoch von Vorteil ist, wenn man sich den Süßgeschmack etwas abgewöhnen möchte. Reissirup gibt es in Drogerien, Bioläden, gut sortierten Supermärkten oder Reformhäusern zu kaufen.

Birkenzucker
Birkenzucker wird auch Xylit genannt und ist ein durchweg natürliches Produkt, das aus der Rinde von Birken gewonnen wird und auch von Natur aus in Äpfeln, Zwiebeln und Lauch vorkommt. Das Tolle: Optisch und auch vom Volumen her ähnelt er normalem Haushaltszucker stark, sodass man ihn 1 : 1 ersetzen kann. Im Gegensatz zum Haushaltszucker belastet er nicht den Blutzuckerspiegel, enthält 40 Prozent weniger Kalorien und wirkt auch vorbeugend gegen Karies.
Im Birkenzucker stecken ausschließlich sogenannte Zuckeralkohole, die man bei der Low-Carb-Ernährung nicht als Kohlenhydrate anrechnen muss. Xylit süßt ähnlich stark wie Zucker. Leider ist der Birkenzucker deutlich teurer als Haushaltszucker, aber in der Low-Carb-Küche werden ohnehin keine allzu großen Mengen verwendet. Birkenzucker gibt es in Drogerien und Reformhäusern zu kaufen.

Rohkakao & Bitterschokolade
Auf Schokolade zu verzichten ist für viele ein großes Hindernis beim Abnehmen. Das muss nicht sein, wenn man den Kakao in seiner ursprünglichen Form verwendet. Rohkakao als Pulver oder Kakaonibs (Splitter der ganzen Kakaobohne) besteht nämlich vor allem aus Kakaobutter, Ballaststoffen und Antioxidanzien und ist damit ein fantastisches Low-Carb-Lebensmittel. Rohkakaopulver und Kakaonibs enthalten gar keinen Zucker, ein Riegel Bitterschokolade (25 g) mit mindestens 85 Prozent Kakaoanteil lediglich 3 g Zucker – da kann man sich gerne mal ein Stückchen gönnen, ohne den Blutzuckerspiegel zu belasten.

Rezepte

Frühstück, Brote & Aufstriche

4 Port. | 10 Min.

Schoko-Obstsalat

2 Äpfel, 3 EL Zitronensaft, 1 Banane, 1 Orange, 1 Papaya, 3 EL Kakaonibs (Kakaobohnensplitter)

- Die Äpfel vierteln, entkernen und in Stücke schneiden. Die Stücke mit Zitronensaft in den Mixtopf geben und **2 Sek./Stufe 5** zerkleinern. In eine große Schale geben.
- Banane, Orange und Papaya schälen, putzen und in mundgerechte Stücke schneiden. Das Obst mit den Kakaonibs in die Schale geben und alles gut vermengen.

Kohlenhydrate: 18 g pro Portion

Grüner-Apfel-Smoothie

4 Gläser à 200 ml | 5 Min.

1 Stück Ingwer (ca. 2 cm), 2 grüne Äpfel, 5 Selleriestangen, 2 Orangen, 8–10 Eiswürfel

- Den Ingwer schälen. Die Äpfel waschen, entkernen und vierteln. Die Selleriestangen waschen und in Stücke schneiden. Die Orangen schälen und halbieren.
- Alles zusammen mit den Eiswürfeln im Mixtopf **1 Min./Stufe 10** pürieren. Den Smoothie auf 4 Gläser verteilen und servieren.

Kohlenhydrate: 15 g pro Portion

Ananas-Trinkjoghurt

4 Gläser à 220 ml | 5 Min.

⅓ Ananas (ca. 300 g), 100 g grüner Salat, 300 g Joghurt (3,5 % Fett), 300 g kaltes Wasser

- Die Ananas schälen und in Stücke schneiden, den Strunk dabei entfernen. Den Salat waschen und putzen. Beides in den Mixtopf geben.
- Den Joghurt und das Wasser dazugeben und alles **1 Min./Stufe 10** pürieren. Den Trinkjoghurt auf 4 Gläser verteilen und servieren.

Kohlenhydrate: 11 g pro Portion

Erdbeer-Joghurt-Creme

4 Port. | 5 Min.

400 g Erdbeeren (frisch oder aufgetaute TK-Beeren), 150 g Sahnejoghurt, 250 g Magerquark, 2 EL Birkenzucker (oder Reissirup), 1 EL Zitronensaft

- Die Hälfte der Erdbeeren mit den übrigen Zutaten im Mixtopf **20 Sek./Stufe 5** verrühren.
- Die Erdbeer-Joghurt-Creme auf 4 Schälchen verteilen und mit den übrigen Erdbeeren die Creme dekorieren.

Kohlenhydrate: 10 g pro Portion

▸ *Erdbeer-Joghurt-Creme*

4 Port. | 10 Min.

Fruchtiger Getreidequark

500 g Magerquark, 150 g Vollmilch, 4 EL Weizen-, Dinkel- oder Haferkleie, 1 EL Vanille-Birkenzucker (Seite 137), ca. 250 g Obst der Saison (z. B. Äpfel, Birnen, Pfirsich, Beeren)

- Den Magerquark mit Milch, Kleie und Vanille-Birkenzucker im Mixtopf **10 Sek./Stufe 4** verrühren. Auf 4 Schälchen verteilen.
- Das Obst waschen, putzen und in mundgerechte Stücke schneiden. Die Fruchtstücke zum Getreidequark geben und servieren.

Tipp: In der Kleie von Weizen, Dinkel und Hafer stecken nur die besonders nährstoffreichen Randschichten des Korns, vor allem Ballaststoffe und so gut wie keine Kohlenhydrate. Für ein getreidefreies Frühstück die Kleie durch gemahlene oder gehackte Nüsse ersetzen.

Kohlenhydrate: 14 g pro Portion

◂ *Fruchtiger Getreidequark*

Mango-Buchweizen-Joghurt

20 Min.

4 Port. | 30 Min.

80 g Buchweizen, 500 g Wasser, 1 Mango, 500 g Joghurt (3,5 % Fett)

- Den Buchweizen mit Wasser im Mixtopf **20 Min./100 °C/Linkslauf Stufe 1** garen. In ein Sieb geben und abtropfen lassen.
- Die Mango schälen, das Fruchtfleisch vom Kern schneiden und im Mixtopf **30 Sek./Stufe 8** pürieren, umfüllen. Joghurt und Buchweizen im Mixtopf **15 Sek./Linkslauf Stufe 3** verrühren.
- Den Joghurt und das Püree schichtweise in Gläser füllen und servieren. Im Kühlschrank aufbewahrt und in Schraubgläser gefüllt, bleibt der Joghurt 2 Tage frisch.

Variante: Der Buchweizen-Joghurt-Mix kann auch prima mit anderen Früchten kombiniert werden. Im Sommer schmeckt er mit Beeren oder Pfirsichmus, im Herbst mit Birnen.

Tipp: Gegart bleibt der Buchweizen im Kühlschrank aufbewahrt 3 Tage frisch.

Kohlenhydrate: 26 g pro Portion

4 Port. | 5 Min.

Morgen-Kaffee-Shake

3 EL Mandeln (30 g), 700 g Vollmilch, 1 Banane, 2 EL lösliches Kaffee- oder Espressopulver

- Die Mandeln im Mixtopf **10 Sek./Stufe 10** mahlen. Die Milch, die Banane und das lösliche Kaffeepulver dazugeben und alles **1 Min./Stufe 4** verrühren.
- Den Shake in Gläser füllen und servieren.

Kohlenhydrate: 15 g pro Portion

10 Port. | 20 Min. | 10 Min.

Quinoa-Knusper-Müsli

50 g Leinsamen, 50 g Weizen- oder Haferkleie, 50 g Mandeln, 15 g Wasser, 10 g Rapsöl, 1 EL Reissirup, 1 Prise Zimt, 200 g Quinoaflocken, 60 g Kokoschips

- Den Backofen auf 160 °C Umluft vorheizen. Die Leinsamen und die Weizenkleie im Mixtopf **5 Sek./Stufe 9** grob mahlen, umfüllen. Die Mandeln im Mixtopf **3 Sek./Stufe 7** grob mahlen und umfüllen.
- Das Wasser, das Rapsöl, den Reissirup und den Zimt **2 Sek./Stufe 5** verrühren. Die Quinoaflocken, die Kokoschips, die Leinsamen, die Kleie und die Mandeln dazugeben und alles **30 Sek./Stufe 3,5** verrühren.
- Ein Blech mit Backpapier belegen, den Müsli-Mix darauf verteilen und im Ofen 10–12 Minuten knusprig rösten. Abkühlen lassen und in ein luftdicht schließendes Gefäß füllen.

Tipp: Kokoschips bekommen Sie in den meisten Drogeriemärkten oder in größeren Supermärkten. Sie haben ein besonders intensives Kokosaroma.

Kohlenhydrate: 14 g pro Portion

Overnight-Kokos-Müsli

4 Port. | 10 Min. + 12 Std. Quellzeit

4 EL Mandeln, 250 g Kokosmilch, 60 g Chia-Samen, 200 g Wasser, 2 TL Reissirup, 300 g TK-Beeren

- Die Mandeln im Mixtopf **2 Sek./Stufe 8** grob hacken. Kokosmilch, Chia-Samen, Wasser und Reissirup dazugeben und alles **20 Sek./Linkslauf Stufe 4** verrühren.
- Den Chia-Kokos-Mix in Schälchen geben und im Kühlschrank über Nacht quellen lassen. Die Beeren über Nacht auftauen lassen.
- Am Morgen die Früchte zum Kokosmüsli servieren.

Variante: Kokosmilch ist sehr reichhaltig, daher habe ich sie mit etwas Wasser verdünnt. Sie können auch jede andere Milch verwenden. Diese dann nicht mit Wasser verdünnen und stattdessen mehr Milch verwenden.

Tipp: Wenn die Zeit morgens knapp ist, ist ein Overnight-Müsli wirklich ein Segen. Morgens nur noch ein paar Früchte darübergeben – fertig!

Kohlenhydrate: 8 g pro Portion

4 Port. | 15 Min. | 10 Min.

Leinsamen-Porridge

120 g Mandeln, 8 EL Leinsamen, 1 großer oder 2 kleine Äpfel (ca. 200 g), 350 g Wasser, 350 g Vollmilch (alternativ: Soja-, Reis-, Hafer- oder Kokosmilch), 1 EL Reissirup

- Die Mandeln im Mixtopf **10 Sek./Stufe 10** mahlen. Die Leinsamen dazugeben und mithilfe des Spatels **10 Sek./Stufe 9** schroten. Den Mandel-Leinsamen-Mix umfüllen.
- Die Äpfel waschen, entkernen und grob zerteilen. Die Stücke im Mixtopf **3 Sek./Stufe 5** zerkleinern. Die übrigen Zutaten dazugeben und alles **10 Min./100 °C/Stufe 2** erwärmen.
- Den Porridge auf 4 Schälchen verteilen und servieren oder im Kühlschrank für den nächsten Morgen aufbewahren.

Kohlenhydrate: 14 g pro Portion

Chia-Cornflakes

4 Port. | 45 Min. + 25 Min. Backzeit | 35 Min.

125 g Mandeln, 5 g Rapsöl, 70 g Kokosraspel, 40 g Sonnenblumenkerne, 1 Msp. Zimt, 1 Prise Salz, 60 g Chia-Samen, 100 ml Wasser, 50 g Birkenzucker

- Die Mandeln in den Mixtopf geben und **30 Sek./Stufe 10** mahlen. Das Rapsöl dazugeben und mit den Mandeln **10 Sek./Stufe 6** vermengen. Die Mandeln mit dem Spatel nach unten schieben und **40 Sek./Stufe 6** zu einem cremigen Mus pürieren.
- Die Kokosraspel, die Sonnenblumenkerne, den Zimt und das Salz dazugeben und **4 Sek./Stufe 5** unterrühren.
- Die Chia-Samen, das Wasser und den Birkenzucker hinzufügen und **20 Sek./Stufe 4** vermischen. 10 Minuten im Mixtopf quellen lassen. In der Zwischenzeit den Backofen auf 150 °C Umluft vorheizen.
- Die Masse dünn auf ein mit Backpapier belegtes Blech geben. Ein zweites Backpapier darüberlegen und die Masse mit einem Nudelholz dünn ausrollen. Die obere Lage Backpapier entfernen und die Cornflakes 25 Minuten backen.
- Die Chia-Cornflakes direkt nach dem Herausnehmen in kleine Rechtecke schneiden, am besten mit einem Pizzaroller. Vollständig auskühlen lassen. In einer Blechdose aufbewahrt, bleiben die Cornflakes einige Wochen frisch.

Variante: ¼ Teelöffel ungesüßtes Kakaopulver verleiht diesen Cornflakes eine leckeres Schokoaroma.

Kohlenhydrate: 4 g pro Portion

Vanille-Mandel-Creme

2 Schraubgläser à 200 g | 45 Min.

400 g Mandeln (nach Belieben geschält oder ungeschält), 1 Vanilleschote

- Die Mandeln im Mixtopf **5 Sek./Stufe 10** mahlen. Die Vanilleschote aufschneiden und das Mark herauskratzen. In den Mixtopf geben und mit den Mandeln **20 Sek./Stufe 10** mahlen.
- Die Masse mit dem Spatel gut verrühren und nochmals **20 Sek./Stufe 10** mixen. Nun wird sie bereits cremiger. Jetzt noch 3- bis 4-mal **8 Sek./Stufe 10** rühren, zwischendurch die Masse immer wieder mit dem Spatel vom Topfrand lösen. Wichtig: Zeigt der Thermomix eine Temperatur von 40 °C an, erst einmal eine Pause einlegen (auch über Nacht) und die Creme vollständig abkühlen lassen. Die Mandelmasse bleibt sonst krümelig und wird nicht mehr cremig.
- Die Masse bis zur gewünschten Cremigkeit noch etwa 3- bis 5-mal **6 Sek./Stufe 10** rühren, zwischendurch immer wieder mit dem Spatel vom Mixtopfrand nach unten schieben.
- Die Creme in 2 Schraubgläser füllen und im Kühlschrank aufbewahren. So bleibt sie einige Wochen frisch. Die Vanille-Mandel-Creme schmeckt sehr gut als Brotaufstrich und ist auch in Müslis oder Smoothies gerührt ein feiner Geschmacksgeber.

Tipp: Ein Löffel Mandelcreme ist ein prima Anti-Heißhunger-Mittel! Die enthaltene Vanille stoppt zusätzlich den Süßhunger.

Kohlenhydrate: 1 g pro EL

Mango-konfitüre

8 Min.

1 Schraubglas à 250 g | 15 Min. + 2 Std. Gelierzeit

1 Mango (ca. 300 g), 1 gestr. TL Agar-Agar-Pulver

- Die Mango schälen und das Fruchtfleisch vom Kern herunterschneiden. Die Fruchtstücke im Mixtopf **5 Sek./Stufe 5** zerkleinern, mit dem Spatel nach unten schieben.
- Das Agar-Agar-Pulver dazugeben und die Mischung **8 Min./100 °C/Stufe 2** kochen, anschließend **20 Sek./Stufe 6** pürieren.
- Die Mangokonfitüre in ein Schraubglas füllen. Beim Abkühlen geliert das Agar-Agar und die Konfitüre wird fest. Im Kühlschrank aufbewahrt bleibt der Aufstrich bis zu 2 Wochen frisch.

Tipp: Fruchtaufstriche ohne Süßungsmittel lassen sich prima mit Agar-Agar herstellen. Das pflanzliche Geliermittel wird aus Algen gewonnen und ist in Bioläden oder gut sortierten Supermärkten erhältlich. Die Konfitüre schmeckt auch toll mit anderen Früchten, z. B. Erdbeeren oder Aprikosen.

Kohlenhydrate: 3 g pro EL

Beeren-marmelade ohne Zucker

1 Glas à 250 g | 5 Min. + 2 Std. Quellzeit

250 g Beeren (z. B. Erdbeeren, Himbeeren, Blaubeeren), 2 gestr. EL Chia-Samen

- Die Beeren waschen und putzen. In den Mixtopf geben und **10 Sek./Stufe 7** pürieren. Die Chia-Samen dazugeben und **2 Sek./Stufe 6** unterrühren.
- Das Fruchtpüree in ein Glas mit Schraubdeckel füllen und mindestens 2 Stunden, am besten über Nacht, im Kühlschrank quellen lassen. Die Beerenmarmelade hält sich 3 Tage im Kühlschrank und kann auch portionsweise eingefroren werden.

Tipp: Beerenfrüchte haben gerade keine Saison? Dann klappt es mit tiefgefrorenen Beeren ebenso gut. Die Früchte dann vor dem Pürieren auftauen lassen. Wenn Sie möchten, können Sie die Marmelade auch mit weißen Chia-Samen zubereiten. Diese sind später im Gegensatz zu den schwarzen Chia-Samen fast nicht mehr zu erkennen.

Kohlenhydrate: 1 g pro EL

Schoko-Haselnuss-Creme

2 Schraubgläser à 220 g | 25 Min.

200 g Haselnüsse, 80 g Reissirup, 80 g ungesüßtes Kakaopulver, 80 g Kokosöl (oder Rapsöl), 1 Prise Salz

- Den Backofen auf 180 °C vorheizen. Ein Blech mit Backpapier belegen und die Haselnüsse darauf verteilen. Im Ofen 10 Minuten rösten. Die Nüsse herausnehmen und die Schale abrubbeln. Einige Minuten abkühlen lassen.
- Die Haselnüsse **15 Sek./Stufe 10** mahlen. Die Masse mit dem Spatel verrühren, damit sich die Nüsse gut vom Topfboden lösen. Alle weiteren Zutaten dazugeben und alles **30 Sek./Stufe 9** pürieren.
- Die Schoko-Haselnuss-Creme mit dem Spatel nach unten schieben und noch einmal **20 Sek./Stufe 8** pürieren. Die Creme in ein Schraubglas füllen. Im Kühlschrank hält sie sich einige Wochen frisch.

Kohlenhydrate: 5 g pro EL

▸ *Schoko-Haselnuss-Creme, Beerenmarmelade, Mangokonfitüre*

Kichererbsenbrötchen

10 Min. + 37 Min. Quell-/Backzeit

4 Brötchen

37 Min.

45 g Leinsamen, 75 getrocknete Kichererbsen, 100 g Magerquark, 1 Ei, 90 g Wasser, 1 gestr. TL Salz, 2 gestr. TL Backpulver, 1 EL Sonnenblumenkerne, Sesam oder Mohn

- Die Leinsamen und die Kichererbsen im Mixtopf **1 Min./Stufe 10** mahlen, umfüllen.
- Den Magerquark, das Ei und das Wasser in den Mixtopf geben und alles **20 Sek./Stufe 3,5** verrühren. Den Leinsamen-Kichererbsen-Mix, Salz und Backpulver dazugeben und **20 Sek./Stufe 4** unterrühren. Den Teig 15 Minuten quellen lassen.
- Den Backofen auf 175 °C Umluft vorheizen. Ein Blech mit Backpapier belegen und mit einem Esslöffel 4 runde Häufchen auf das Blech setzen. Nach Belieben mit Sonnenblumenkernen, Sesam oder Mohn bestreuen. Im Ofen 22–24 Minuten backen.

Tipp: Die Kichererbsenbrötchen schmecken nicht nur zum Frühstück gut. Sie eignen sich auch hervorragend für Fleisch- oder Fischburger!

Kohlenhydrate: 9 g pro Stück

Möhren-Kichererbsen-Brot

12 Scheiben

1 Std. 30 Min.

10 Min. + 40 Min. Zeit zum Gehen + 55 Min. Backzeit

100 g getrocknete Kichererbsen, 50 g Weizenkleie, 50 g Mandeln, 100 g Sesam, 50 g Leinsamen, 180 g Möhren, 1 Päckchen Trockenhefe, 1 TL Reissirup, 1 TL Salz, 1 TL Rapsöl, 170 g lauwarmes Wasser

- Die Kichererbsen und die Weizenkleie **1 Min./Stufe 10** mahlen, umfüllen. Die Mandeln, den Sesam und die Leinsamen im Mixtopf **10 Sek./Stufe 10** mahlen, umfüllen.
- Die Möhren schälen, putzen und in dicke Scheiben schneiden. Im Mixtopf **3 Sek./Stufe 5** zerkleinern. Nun die übrigen Zutaten mit in den Mixtopf geben und alles mithilfe des Spatels **2 Min./Knetstufe** vermengen.
- Eine kleine Kastenform (20 cm Länge) mit Backpapier auslegen. Den Teig hineingeben und 40 Minuten gehen lassen.
- Den Backofen auf 170 °C Umluft vorheizen. Das Brot auf der zweituntersten Schiene 55–60 Minuten backen. Nach dem Herausnehmen auf einem Rost auskühlen lassen.

Tipp: Sie haben keine kleine Kastenform? Mit einem gefalteten Streifen Alufolie lässt sich eine 30 cm lange Form verkleinern.

Kohlenhydrate: 7 g pro Scheibe

Eiweißbrot

10 Min. + 35 Min. Backzeit

12 Scheiben

35 Min.

300 g Leinsamen, 4 Eiweiß (L), 2 Eier (L), 100 g Wasser, 1 TL Salz, 1 TL Backpulver, 30 g Rapsöl

- Den Backofen auf 180 °C Umluft vorheizen. Die Leinsamen im Mixtopf **1 Min. 30 Sek./Stufe 10** mahlen, umfüllen. Den Mixtopf ausspülen, den Rühraufsatz einsetzen.
- Das Eiweiß in etwa **2 Min./Stufe 3,5** halbsteif schlagen, den Rühraufsatz entfernen. Die Eier und das Wasser dazugeben und **20 Sek./Stufe 3,5** unterrühren.
- Das Salz, das Backpulver, die Leinsamen und das Rapsöl dazugeben und **40 Sek./Stufe 4** zu einem Teig verrühren.
- Eine Kastenform (30 cm Länge) mit Backpapier auslegen, den Teig hineingeben und 32–35 Minuten backen.

Tipp: Dieses Brot ist besonders eiweißreich und frei von Kohlenhydraten.

Kohlenhydrate: 0 g pro Scheibe

Quarkbrot

12 Scheiben | *38 Min.* | *10 Min. + 38 Min. Backzeit*

50 g Mandeln, 30 g Leinsamen, 30 g Weizenkleie, 150 g Magerquark, 4 Eier, 2 TL Backpulver, 1 TL Salz, 1 EL Rapsöl, 3 EL Sonnenblumenkerne

- Den Backofen auf 175 °C Umluft vorheizen. Die Mandeln, die Leinsamen und die Weizenkleie in den Mixtopf geben und **10 Sek./Stufe 10** mahlen.
- Den Magerquark und die Eier hinzufügen und alles **10 Sek./Stufe 4** vermischen.
- Backpulver, Salz und Rapsöl dazugeben und **40 Sek./Stufe 4** zu einem Teig verrühren.
- Eine Kastenform (20 cm Länge) mit Backpapier auslegen, den Teig hineingeben und mit den Sonnenblumenkernen bestreuen. Im Ofen 30 Minuten backen. Das Brot aus der Form nehmen und auf dem Backpapier noch einmal 8 Minuten backen.

Kohlenhydrate: 1 g pro Scheibe

Kürbiskernbrot

10 Min. + 2 Std. 10 Min. Quell- und Backzeit | *12 Scheiben* | *2 Std. 10 Min.*

4 TL Flohsamenschalen, 90 g Leinsamen, 140 g Kürbiskerne, 140 g Haferflocken, 2 EL Chia-Samen, 1 TL Salz, 1 TL Reissirup, 30 g Rapsöl, 350 g Wasser

- Die Flohsamenschalen mit den Leinsamen im Mixtopf **5 Sek./Stufe 9** mahlen. Alle anderen Zutaten dazugeben und mithilfe des Spatels **30 Sek./Linkslauf Stufe 4** verrühren.
- Eine Kastenform (20 cm Länge) mit Backpapier auslegen und den Teig hineingeben. Den Teig 1 Stunde quellen lassen.
- Den Backofen auf 170 °C Umluft vorheizen. Das Brot 25 Minuten backen. Dann aus der Form nehmen und auf dem Backpapier weitere 45–50 Minuten backen.

Tipp: Ich bin kein Freund von Zutaten, die nicht im Supermarkt zu finden sind. Aber hier mache ich eine Ausnahme, da dieses Brot einfach immer gelingt und so gut ankommt. Die Flohsamenschalen sind ein prima Bindemittel und sorgen für die typische Brotkrume. Man bekommt sie in der Apotheke (250 g kosten etwa 5 Euro).

Kohlenhydrate: 9 g pro Scheibe

Oliven-Fladenbrot

12 Scheiben | *28 Min.* | *10 Min. + 28 Min. Backzeit*

100 g Mandeln, 60 g Sonnenblumenkerne, 50 g Sesam, 15 g Leinsamen, 200 g Hüttenkäse, 4 Eier (M), 25 g Olivenöl, ½ TL Salz, 2 TL Backpulver, 100 g Oliven, 4 Stiele Rosmarin

- Den Backofen auf 160 °C Umluft vorheizen. Die Mandeln, die Sonnenblumenkerne, den Sesam und die Leinsamen im Mixtopf **15 Sek./Stufe 10** mahlen, umfüllen.
- Den Hüttenkäse, die Eier und das Olivenöl im Mixtopf **20 Sek./Stufe 4** verrühren. Die restlichen Zutaten bis auf Oliven und Rosmarin dazugeben und alles **20 Sek./Stufe 4** verrühren.
- Eine Springform (Ø 24 cm) mit Backpapier auslegen und den Teig einfüllen. Die Oliven darauf verteilen und etwas in den Teig eindrücken. Den Rosmarin von den Stielen zupfen, waschen, trocken tupfen und darüberstreuen. Im Ofen 28–30 Minuten backen.

Tipp: Das Fladenbrot kann ebenso gut in einer größeren Springform (Ø 26 oder 28 cm) gebacken werden. Dann verringert sich die Backzeit um 5–10 Minuten (Stäbchenprobe!).

Kohlenhydrate: 2 g pro Scheibe

Rührei-Muffins

12 Stück | *25 Min.* | *10 Min. + 25 Min. Backzeit*

100 g Gouda (mittelalt), 1 rote Paprikaschote (ca. 150 g), 1 kleine Zwiebel, 8 Eier (M), 50 g gewürfelter Schinken, 1 EL TK-Schnittlauch, Salz, Pfeffer
Außerdem: 12 Muffinförmchen aus Papier

- Den Backofen auf 170 °C Umluft vorheizen. Den Käse in Stücke schneiden und im Mixtopf **10 Sek./Stufe 6** raspeln, umfüllen.
- Die Paprika waschen, putzen, entkernen und in Stücke schneiden. Die Zwiebel abziehen und halbieren. Beides im Mixtopf **2 Sek./Stufe 5** zerkleinern.
- Die Eier, den Schinken, den geraspelten Käse, den Schnittlauch sowie etwas Salz und Pfeffer dazugeben. Alles **20 Sek./Linkslauf Stufe 4** verrühren.
- Ein Muffinblech mit Papierförmchen auslegen. Den Eiermix auf die Förmchen verteilen und im Ofen 25 Minuten backen.

Kohlenhydrate: 1 g pro Stück

◂ *Käseröllchen mit Kresse*

Käseröllchen mit Kresse

ca. 16 Stück | *15 Min. + 1 Std. Kühlzeit*

1 Möhre, 1 kleine Stange Lauch, 1 Beet Kresse, 100 g Hüttenkäse, Salz, Pfeffer, 6 Scheiben junger Gouda, 6 Scheiben Kochschinken (möglichst in eckiger Form)

- Den Backofen auf 130 °C vorheizen. Die Möhre und den Lauch waschen und putzen. Das Gemüse im Mixtopf **5–6 Sek./Stufe 5** zerkleinern. Die Kresse, den Hüttenkäse und etwas Salz und Pfeffer dazugeben und alles **8 Sek./Linkslauf Stufe 4** verrühren.
- Ein Blech mit Backpapier belegen. Die Goudascheiben darauflegen, dabei sollen sie sich etwas überlappen. Im Ofen 2–3 Minuten nur leicht schmelzen lassen, so dass der Käse zusammenhält. Dabei darauf achten, dass er nicht zu weich wird.
- Den Käse herausnehmen und 1 Minute abkühlen lassen. Mit Kochschinken belegen. Dann die Gemüse-Kresse-Creme daraufstreichen und aufrollen.
- Die Rolle etwa 1 Stunde in den Kühlschrank legen und dann in Scheiben schneiden. Dazu passt gut etwas Salat oder Low-Carb-Brot.

Kohlenhydrate: 1 g pro Stück

Rucola-Aufstrich

1 Schraubglas à 250 ml | *5 Min.*

1 kleines Bund Rucola (ca. 50 g), 200 g Frischkäse, 1 Prise Cayennepfeffer, Salz, Pfeffer

- Den Rucola waschen und gut trocken tupfen. Die harten Stiele vom Bund schneiden.
- Den Rucola mit dem Frischkäse in den Mixtopf geben, mit Cayennepfeffer und etwas Salz und Pfeffer würzen und **8 Sek./Stufe 8** verrühren. Den Frischkäse mit dem Spatel nach unten schieben und noch einmal **8 Sek./Stufe 7** verrühren.
- Den Rucola-Aufstrich in ein Schraubglas füllen. Im Kühlschrank bleibt er 2–3 Tage frisch und schmeckt prima auf einer Scheibe Low-Carb-Brot oder als Dip zu Gemüsesticks.

Kohlenhydrate: 0 g pro Portion

Orientalischer Auberginen-Dip

1 Schraubglas à 250 g	2 Kronen	40 Min.	25 Min.

1 Aubergine (ca. 250 g), 5 Stiele glatte Petersilie, 1 mittelgroße Zwiebel, 1 Knoblauchzehe, 1 EL Olivenöl, 100 g passierte Tomaten, 1 EL Tomatenmark, Salz, Pfeffer, 1 Prise Kreuzkümmel, 1 Spritzer Zitronensaft

- Die Aubergine waschen. Im Ganzen auf ein mit Backpapier belegtes Blech legen und auf höchster Stufe im Ofen 30 Minuten rösten.
- In der Zwischenzeit die Petersilie waschen, trocken tupfen und anschließend im Mixtopf **5 Sek./Stufe 8** zerkleinern, umfüllen. Die Zwiebel und die Knoblauchzehe abziehen. Beides mit dem Öl in den Mixtopf geben und **3 Sek./Stufe 5** zerkleinern. Zwiebel- und Knoblauchwürfel mit dem Spatel nach unten schieben und **3 Min./120 °C/ Stufe 1** andünsten.
- Die Aubergine aus dem Ofen nehmen, halbieren und das Fruchtfleisch mit einem Löffel auskratzen. Das Fruchtfleisch mit den passierten Tomaten, dem Tomatenmark, etwas Salz und Pfeffer sowie Kreuzkümmel und Zitronensaft im Mixtopf **10 Sek./Stufe 7** pürieren.
- Das Auberginenpüree in ein Schälchen geben und mit der gehackten Petersilie bestreut servieren. Der Dip passt sehr gut zu Rohkoststicks, Low-Carb-Brot oder auch zu gebratenem Fleisch oder Fisch. Im Kühlschrank aufbewahrt bleibt der Dip bis zu 5 Tage frisch.

Kohlenhydrate: 1 g pro EL

1 Schraubglas à 250 ml	1 Krone	20 Min. + 60 Min. Durchziehzeit

Minze-Zucchini-Dip

1 mittelgroße Zucchini (ca. 200 g), ½ TL Salz, 5 Stiele Minze, ½ TL Abrieb einer unbehandelten Zitrone, Pfeffer, 180 g Frischkäse

- Die Zucchini waschen, putzen, in dicke Scheiben schneiden und im Mixtopf **2 Sek./Stufe 5** raspeln. Das Gemüse in ein Sieb umfüllen. Mit Salz bestreuen, alles durchmischen und 15 Minuten abtropfen lassen.
- In der Zwischenzeit die Minze waschen, trocken tupfen und die Blättchen abzupfen. Die Minzeblättchen im Mixtopf **5 Sek./Stufe 8** zerkleinern.
- Die Zucchiniraspel noch einmal gut mit einem Löffel ausdrücken und in den Mixtopf geben. Zitronenschale, etwas Pfeffer und den Frischkäse in den Mixtopf hinzufügen und alles **8 Sek./Linkslauf Stufe 4** verrühren.
- Den Minze-Zucchini-Dip mindestens 1 Stunde im Kühlschrank ziehen lassen, dabei wird er schön cremig, da der Frischkäse wieder fester wird.
- Der Dip schmeckt besonders gut auf Brot oder als Dip zu Rohkost oder Gemüsepuffern. Im Kühlschrank aufbewahrt bleibt er 2–3 Tage frisch.

Kohlenhydrate: 1 g pro EL

▸ *Minze-Zucchini-Dip + Oliven-Fladenbrot*

Snacks & kleine Gerichte

16 Stück | 40 Min. | 15 Min.

Thai-Fischfrikadellen

Für die süß-saure Chilisauce: 4 Chilischoten, 4 Knoblauchzehen, 90 g Birkenzucker, 90 g Reisessig
Für die Fischfrikadellen: 1 Stück Ingwer (2 cm), 1 Knoblauchzehe, 1 kleine Zwiebel, 500 g Seelachsfilet, 1 EL Vollkornmehl, Salz, Pfeffer, etwas Rapsöl zum Braten

- Die Chilischoten waschen, putzen, entkernen und in Stücke schneiden. Die Knoblauchzehen abziehen. Beides im Mixtopf **5 Sek./Stufe 8** zerkleinern, mit dem Spatel nach unten schieben, nochmals **3 Sek./Stufe 7** zerkleinern. Birkenzucker und Reisessig dazugeben und alles **15 Min./100 °C/Stufe 1** köcheln lassen. Die Sauce in ein Schälchen geben.
- Den Ingwer schälen. Knoblauchzehe und Zwiebel abziehen, halbieren. Alles im Mixtopf **10 Sek./Stufe 8** zerkleinern.
- Das Fischfilet in Stücke schneiden und mit dem Vollkornmehl in den Mixtopf geben, mit etwas Salz und Pfeffer würzen und alles **8 Sek./Stufe 5** vermischen.
- Aus der Masse etwa 16 kleine Frikadellen formen und diese in einer Pfanne in Rapsöl ca. 10 Minuten braun braten.
- Die Fischfrikadellen mit Partyspießchen versehen und mit der Chilisauce servieren.

Kohlenhydrate: 1 g pro Stück

Pesto-Kräcker

25 Stück | 12 Min. | 15 Min. + 12 Min. Backzeit

100 g Mandeln, 90 g Leinsamen (möglichst Goldleinsamen), 1 kleine Möhre (50 g), ½ TL Salz, 1 TL Basilikum-Pesto

- Den Backofen auf 180 °C Umluft vorheizen. Die Mandeln im Mixtopf **10 Sek./Stufe 10** mahlen. Die Leinsamen dazugeben und alles **5 Sek./Stufe 9** schroten.
- Die Möhre schälen, putzen, in Stücke schneiden und im Mixtopf **15 Sek./Stufe 10** sehr fein raspeln. Salz und Pesto dazugeben und alles **20 Sek./Stufe 4** verrühren.
- Ein Blech mit Backpapier belegen. Den Teig darauf verteilen und mit den Händen flach drücken. Eine weitere Lage Backpapier darauflegen und den Teig mit einem Nudelholz 1–2 mm dünn zu einem Rechteck ausrollen. Je exakter die Kanten, umso schöner sehen die Kräcker nachher aus.
- Das Blech in den Ofen schieben und den Teig 12–15 Minuten goldbraun backen. Herausnehmen und das Gebäck in Rechtecke schneiden. In einer Blechdose aufbewahrt bleiben die Kräcker einige Wochen frisch.

Kohlenhydrate: 0 g pro Stück

Parmesan-Taler

5 Min. + 8 Min. Backzeit | 10 Stück | 8 Min.

70 g Parmesan

- Den Backofen auf 180 °C Umluft vorheizen. Den Parmesan in grobe Stücke schneiden und im Mixtopf **20 Sek./Stufe 10** mahlen.
- Ein Blech mit Backpapier belegen und den geraspelten Parmesan esslöffelweise darauf verteilen. Dabei einige Zentimeter Abstand lassen, weil die Taler beim Backen etwas auseinanderlaufen.
- Die Parmesanhäufchen im Ofen 8–10 Minuten zu goldgelben Kräckern backen. Die Parmesan-Taler schmecken prima zu Salaten, pur als Snack und sind auch eine feine Beigabe zu Suppen und Eintöpfen.

Variante: Wer mag, mischt unter den Parmesan noch etwas frischen Thymian oder getrocknete Kräuter der Provence.

Kohlenhydrate: 0 g pro Stück

Scharfe Gewürznüsse

200 g | 15 Min. | 7 Min.

200 g Walnüsse (oder andere Nüsse), 10 g Rapsöl, 1 EL scharfes Paprikapulver, ¼ TL Chiliflocken, ¼ TL Salz

- Den Backofen auf 180 °C vorheizen. Alle Zutaten im Mixtopf **4–6 Sek./Linkslauf Stufe 2** vermischen.
- Ein Blech mit Backpapier belegen und die Walnüsse darauf verteilen. Die Nüsse im Ofen 7–9 Minuten rösten, dabei aufpassen, dass sie nicht zu braun werden.
- Die Walnüsse herausnehmen und abkühlen lassen.

Kohlenhydrate: 11 g pro 100 g

► *Pesto-Kräcker, Parmesan-Taler, scharfe Gewürznüsse*

Gebrannte Mandeln

200 g · 20 Min. + 10 Min. Backzeit + 2 Std. Abkühlzeit · 30 Min.

200 g Mandeln, 80 g Birkenzucker, 5 g Wasser

● Die Mandeln mit dem Birkenzucker im Mixtopf **6 Min./Varoma/Linkslauf Rührstufe** erhitzen.
● Das Wasser dazugeben und alles nochmals **9 Min./Varoma Linkslauf Rührstufe** garen. In der Zwischenzeit den Backofen auf 180 °C vorheizen.
● Ein Backblech mit Backpapier belegen, die Mandeln darauf verteilen und 10–15 Minuten backen. Dabei darauf achten, dass sie nicht zu braun werden.
● Die Mandeln herausnehmen und mindestens 2 Stunden abkühlen und fest werden lassen.

Tipp: Gebrannte Mandeln mit Birkenzucker brauchen recht lange, um richtig fest und knackig werden. Daher die Mandeln am besten schon am Vorabend zubereiten und über Nacht fest werden lassen.

Kohlenhydrate: 4 g pro 100 g

Süße Zimt-Kichererbsen

265 g · 35 Min. · 10 Min. + 35 Min. Röstzeit

1 Dose Kichererbsen (Abtropfgewicht 265 g), 10 g Rapsöl, 1 TL Zimt, 1 EL Reissirup

● Den Backofen auf 200 °C vorheizen. Die Kichererbsen gut abtropfen lassen.
● Die Hülsenfrüchte mit Rapsöl und Zimt in den Mixtopf geben und **2 Sek./Linkslauf Stufe 2** vermengen.
● Ein Blech mit Backpapier belegen und die Kichererbsen darauf verteilen. Im Ofen 28 Minuten rösten. Den Reissirup über die Kichererbsen träufeln, alles einmal mit einem Löffel durchmischen. Die Kichererbsen weitere 7–10 Minuten rösten, dabei darauf achten, dass sie nicht zu braun werden.
● Die Kichererbsen aus dem Ofen nehmen und abkühlen lassen.

Kohlenhydrate: 19 g pro 100 g

Papaya-Apfelmus

4 Port. · 20 Min. · 15 Min.

750 g Äpfel, 1 Papaya (ca. 450 g), 30 g Wasser, etwas Birkenzucker (nach Belieben)

● Die Äpfel schälen, entkernen und in Stücke schneiden. Die Papaya schälen, die Kerne herauslöffeln und das Fruchtfleisch in Stücke schneiden.
● Das Obst mit Wasser und Birkenzucker im Mixtopf **15 Min./100 °C/Stufe 1** garen. Alles **20–30 Sek./Stufe 6** pürieren.
● Das Mus passt toll zu Pfannkuchen und ist auch pur ein gesunder Snack für zwischendurch.

Tipp: Papaya verleiht diesem Apfelmus eine herrlich exotisch-fruchtige Note – und senkt den Kohlenhydratgehalt erheblich. Denn in diesem Apfelmus (8 g KH/100 g) stecken im Vergleich zu dem Produkt aus dem Supermarkt (20 g KH/100 g) nur halb so viele Kohlenhydrate!

Kohlenhydrate: 19 g pro Portion

Müsli-riegel

15 Min. + 2 Std. Quell- und Backzeit

20 Stück

30 Min.

200 g ungesüßtes Apfelmus, 2 EL Chia-Samen, 100 g Nüsse (z. B. Cashewkerne, Haselnüsse, Mandeln), 40 g Leinsamen, 200 g Magerquark, 50 g Birkenzucker, 150 g Haferflocken

- Apfelmus und Chia-Samen in einer Schüssel verrühren und 1 Stunde quellen lassen.
- Die Nüsse mit den Leinsamen im Mixtopf **5 Sek./Stufe 6** grob hacken. Den Quark, den Birkenzucker, die Haferflocken und das Apfelmus dazugeben und alles **10 Sek./Stufe 4** verrühren. Den Teig im Mixtopf 30 Minuten quellen lassen.
- Den Backofen auf 175 °C vorheizen. Ein Blech mit Backpapier belegen. Erst den Teig daraufgeben, dann eine zweite Lage Backpapier. Den Teig zu einem etwa 1 cm dicken Rechteck ausrollen und 30 Minuten backen.
- Die Teigplatte herausnehmen und in etwa 20 Riegel schneiden. In einer Blechdose aufbewahrt bleiben die Riegel 1 Woche frisch.

Variante: Für Schoko-Müsliriegel: 50 g Bitterschokolade bei 50 °C im Thermomix schmelzen und über die Riegel geben.

Kohlenhydrate: 6 g pro Stück

Limonaden-sirup mit Ingwer

22 Min.

1 Flasche à 300 ml

30 Min.

200 g Ingwer, 150 g Birkenzucker, 2 EL Zitronensaft, 300 g Wasser

- Den Ingwer schälen und in Stücke schneiden, im Mixtopf **6 Sek./Stufe 8** zerkleinern.
- Den Birkenzucker, den Zitronensaft und das Wasser dazugeben und alles ohne Messbecher **22 Min./100 °C/Stufe 1,5** zu einem Sirup einkochen.
- Den Sirup durch ein feines Sieb in eine Flasche abfüllen. Im Kühlschrank aufbewahrt bleibt er einige Wochen frisch. Nach Belieben 1–2 Esslöffel Sirup in ein Glas geben, mit Wasser auffüllen und genießen.

Kohlenhydrate: 0 g pro EL

Papaya-Lassi

4 Gläser à 250 ml

5 Min.

1 Papaya (ca. 400 g), 400 g Joghurt (3,5 % Fett), 350 g Mineralwasser mit Kohlensäure

- Die Papaya schälen, halbieren und entkernen. Das Fruchtfleisch in Stücke schneiden und im Mixtopf **10 Sek./Stufe 8** zerkleinern.
- Den Joghurt dazugeben und alles **10 Sek./Stufe 7** pürieren. Das Mineralwasser **4 Sek./Stufe 6** unterrühren. Den Papaya-Lassi auf 4 Gläser verteilen und servieren.

Tipp: Die Papaya-Frucht ist ideal zum Abnehmen, da sie besonders arm an Kohlenhydraten (2 g KH/100 g) und Kalorien ist. Und weil sie obendrein viele Ballaststoffe enthält, ist sie auch noch ein Top-Sattmacher.

Kohlenhydrate: 6 g pro Portion

4 Gläser à 200 ml | *5 Min.*

ACE-Saft mit Möhrengrün

1 mittelgroßer Apfel, 1 Banane, 1 Orange, 4 Biomöhren mit Grün, 200–250 ml Wasser

- Den Apfel waschen, entkernen und in Stücke schneiden. Die Banane schälen und halbieren. Die Orange schälen und vierteln. Die Möhren waschen, putzen und in Stücke schneiden. Die zarten Blättchen des Möhrengrüns vom Stängel abzupfen.
- Möhrengrünblättchen, Möhren, Apfel, Banane und Orange im Mixtopf **30 Sek./Stufe 9** fein zerkleinern.
- Je nach gewünschter Konsistenz 200–250 g Wasser dazugeben und alles **1 Min./Stufe 10** pürieren.
- Den ACE-Saft auf 4 Gläser verteilen und servieren.

Kohlenhydrate: 15 g pro Glas

Kiwi-Avocado-Buttermilch

4 Gläser à 200 ml | *5 Min.*

1 Orange, 2 Kiwis, 1 Avocado, 500 g Buttermilch

- Die Orange schälen und vierteln. Die Kiwis schälen und halbieren. Die Avocado halbieren, entkernen und das Fruchtfleisch herauslöffeln.
- Die Frucht- und die Avocadostücke mit der Buttermilch in den Mixtopf geben und **1 Min./Stufe 10** pürieren.
- Die Buttermilch auf 4 Gläser verteilen und servieren.

Kohlenhydrate: 13 g pro Glas

4 Gläser à 275 ml | *5 Min. + 60 Min. Abkühlzeit*

Zitronen-Eistee

2–3 Zitronen, 900 g abgekühlter schwarzer oder grüner Tee, 80 g Birkenzucker, nach Belieben Eiswürfel

- Die Zitronen schälen und halbieren. Die Zitronenhälften mit dem abgekühlten Tee und dem Birkenzucker im Mixtopf **10 Sek./Stufe 9** zerkleinern.
- Den Gareinsatz als Filter in den Mixtopf einsetzen und den Eistee auf 4 Gläser verteilen. Nach Belieben Eiswürfel dazugeben.

Kohlenhydrate: 4 g pro Portion

◂ *ACE-Saft mit Möhrengrün*

Hier lauern viele Carbs und versteckte Zucker

DIESE INSULIN-LOCKER SOLLTEN HÖCHSTENS IN MINIMENGEN AUF DEM SPEISEPLAN STEHEN – SETZEN SIE LIEBER AUF DIE LOW-CARB-ALTERNATIVEN.

Um die Fettverbrennung am Laufen zu halten, ist es wichtig, die Insulinproduktion konstant auf niedrigem Niveau zu halten. Mit ballaststoffreichem Gemüse, eiweißreichen Milch- und Fleischprodukten sowie gesunden Fetten ist das leicht möglich. Achtung jedoch vor den »Insulin-Lockern«: Sie enthalten wenig Ballaststoffe und viele, überwiegend einfache Kohlenhydrate, die vom Körper rasch abgebaut werden. Für viele Kohlenhydratbomben gibt es leckere Low-Carb-Alternativen:

Helles Mehl Backwaren aus hellem Mehl machen das Abnehmen quasi unmöglich, denn ohne ballaststoffreiche Randschicht fehlt der lang anhaltende Sättigungseffekt. **Low-Carb-Alternative:** Brote und Gebäck aus Mandel-, Kichererbsen-, Leinsamen- oder Kokosmehl.

Müsli und Cornflakes Häufig stecken in ihnen viel Zucker, süßes Trockenobst und Schokolade. Schon besser sind zuckerfreie Müslis und Flockenmischungen, vor allem Haferflocken. **Low-Carb-Alternative:** Kleie oder Weizenkeime ins Müsli geben oder Quinoaflocken verwenden.

Pasta wird aus hellem Mehl hergestellt und steckt daher voller Kohlenhydrate. **Low-Carb-Alternative:** Aus Kichererbsenmehl kann man preiswerte Low-Carb-Pasta (Seite 133) herstellen. Nudeln aus Gemüse sind ebenfalls eine gute Alternative. Mit einem Spiralschneider lassen sich aus Zucchini und Möhren fix Spaghetti drehen. Eine gute Wahl sind auch Spaghetti aus kohlenhydratarmem Sojamehl.

Geschälte Getreideprodukte wie Rote Linsen, Bulgur, Reis und Couscous Weil auch hier die äußere Schale fehlt, sind diese schnellen Beilagen besonders reich an einfachen Kohlenhydraten. **Low-Carb-Alternative:** Kichererbsen, weiße Bohnen, ungeschälte Linsen und Quinoa.

Kartoffeln Kartoffeln belasten extrem das Kohlenhydratkonto. **Low-Carb-Alternative:** Steckrüben enthalten nur halb so viele Kohlenhydrate, dafür umso mehr Vitamin A und C. Die Steckrübe hat allerdings ein intensiveres Aroma. Aus ihr lassen sich prima Pürees, Reibekuchen und sogar »Kartoffel«-Salat zubereiten. Eine gute Kartoffelalternative ist auch Topinambur (Seite 15).

Zucker besteht zu 100 Prozent aus schnell verwertbaren einfachen Kohlenhydraten. Also besser die Finger davon lassen. **Low-Carb-Alternative:** Reissirup oder Birkenzucker, selbst gemachte Naschereien ohne Zucker.

Trockenobst ist ballaststoffreich, besteht aber zu rund 70 Prozent aus Fruchtzucker. **Low-Carb-Alternative:** Ungesüßte Sauerkirschen, getrocknete Äpfel oder Aprikosen. Sie liefern rund ein Fünftel weniger Kohlenhydrate als z. B. Cranberrys und getrocknete Ananas.

Säfte und Limonade Auch Brause mit künstlichen Süßstoffen ist nicht ideal für den Stoffwechsel, denn bei kalorienreduzierten Speisen und Getränken fordert unser Gehirn die Energie nach. Und in Säften stecken viele Kohlenhydrate. **Low-Carb-Alternative:** selbst gemachte Limonaden und Eistees oder Fruchtschorlen.

Obst in Maßen

Ein bis zwei Portionen Obst am Tag sind gesund, auch wenn man sich Low Carb ernähren möchte. Obst liefert Ballaststoffe und viele Vitamine, aber eben auch viel Fruchtzucker. Der Mix mit Milchprodukten, Kleie oder Nüssen hemmt die insulinlockende Wirkung.

24 g
100 g

Zuckersauce

IN 100 G KETCHUP STECKEN SCHON 24 G REINER ZUCKER.
BESSER: SELBER MACHEN UND UNBESCHWERT GENIESSEN!

Mogelpackung „light“

Um den reduzierten Fettgehalt von Joghurt & Co auszugleichen, wird Light-Produkten häufig viel Zucker zugesetzt. Lebensmittel mit natürlichen Fettgehalt sind die bessere Wahl.

Apfelessig statt Balsamico

Egal ob dunkler Balsamico oder heller Weißweinessig: Es stecken 21 Prozent Zucker drin. Klar nimmt man häufig keine allzu großen Mengen, aber für alle, die gerne Salate essen, gibt es eine super Alternative. Apfelessig kommt nämlich komplett ohne zugesetzten Zucker aus und liefert null Gramm Kohlenhydrate.

Senf im Vergleich

HIER GIBT ES GROSSE UNTERSCHIEDE: WÄHREND SÜSSE SORTEN ZU EINEM DRITTEL AUS REINEM ZUCKER BESTEHEN, SIND ES BEI MITTELSCHARFEM SENF GERADE MAL 3 G IN 100 G.

4 Port. | ♛♛ | 35 Min. | 25 Min.

Kräuter-Tortilla

1 Bund frische, gemischte Kräuter (z. B. Petersilie, Basilikum, Minze, Thymian, Oregano), 1 Zwiebel, 10 g Rapsöl, 6 Eier (M), 1 TL Salz, 100 g Feta, 500 g Wasser

- Die Kräuter waschen, trocken tupfen und die Blättchen abzupfen. Im Mixtopf **5 Sek./Stufe 8** zerkleinern, umfüllen.
- Die Zwiebel abziehen und halbieren. Die Zwiebelhälften mit dem Öl in den Mixtopf geben, **3 Sek./Stufe 5** zerkleinern und **2 Min. 30 Sek./120 °C/Stufe 1** andünsten. Die Eier, das Salz und die Kräuter hinzufügen und alles **15 Sek./Stufe 4** verrühren.
- Ein Stück Backpapier in der Größe des Varoma-Einlegebodens ausschneiden und den Varomaboden damit auslegen. Dabei darauf achten, dass die seitlichen Dampfschlitze frei bleiben. Die Eiermasse darauf verteilen, den Feta grob zerteilen und darüberbröseln.
- Das Wasser in den Mixtopf geben, den Varoma aufsetzen und die Kräuter-Tortilla **25 Min./Varoma/Stufe 1** garen.
- Die Tortilla in Quadrate schneiden und warm oder kalt servieren.

Kohlenhydrate: 2 g pro Portion

Cevapcici mit Feta-Joghurt

4 Port. | ♛♛ | 25 Min.

60 g Mandeln, 150 g Feta, 150 g griechischer Joghurt, ¼ TL scharfes Paprikapulver, 1 rote Spitzpaprika (oder 1 kleine rote Paprikaschote), 1 kleine Zwiebel, 1 Knoblauchzehe, 1 TL Rapsöl, 1 TL Salz, 1 Prise Chiliflocken, 500 g Rinderhack, 1 Ei, etwas Öl zum Braten

- Die Mandeln in den Mixtopf geben und **10 Sek./Stufe 10** mahlen, umfüllen.
- Den Feta in den Mixtopf geben und **5 Sek./Stufe 4** zerkleinern. Joghurt und Paprikapulver dazugeben und alles **5 Sek./Stufe 4** vermischen, umfüllen.
- Die Paprika waschen, putzen, entkernen und in Stücke schneiden. Die Zwiebel und die Knoblauchzehe abziehen. Alles im Mixtopf **3 Sek./Stufe 5** zerkleinern.
- Das Rapsöl dazugeben und das Gemüse **4 Min./120 °C/Linkslauf Stufe 1** andünsten. Verbliebene Flüssigkeit abschütten.
- Mandeln, Salz, Chiliflocken, Hackfleisch und Ei dazugeben und alles **1 Min./Linkslauf Stufe 3** vermengen. Die Masse esslöffelweise entnehmen und daraus ovale Röllchen formen. Die Cevapcici in einer Pfanne im heißen Öl etwa 8–10 Minuten goldbraun braten. Mit Feta-Joghurt servieren.

Kohlenhydrate: 5 g pro Portion

Champignons mit Basilikumcreme

15 Min. + 15 Min. Backzeit | 8 Stück | ♛ | 15 Min.

8 große Champignons, ½ Bund Basilikum, 100 g gesalzene Cashewkerne, 2 EL Frischkäse, 1 TL Zitronensaft, Pfeffer, 30 g Wasser

- Den Backofen auf 180 °C Umluft vorheizen. Die Champignons putzen und die Stiele herausbrechen. Das holzige Ende von den Stielen entfernen und den essbaren Teil der Stiele in den Mixtopf geben.
- Das Basilikum waschen, die Blättchen von den Stielen zupfen. Die Basilikumblättchen zu den Champignonstielen in den Mixtopf geben. Cashewkerne, Frischkäse, Zitronensaft, etwas Pfeffer und Wasser hinzufügen und alles **20 Sek./Stufe 8** zu einer Creme pürieren. Die Cashewkerne bleiben etwas stückig und sorgen später für den nötigen Biss.
- Die Champignons in eine ofenfeste Form setzen und mit je 1 Teelöffel der Basilikum-Cashew-Creme füllen. Die Pilze im Ofen 15–20 Minuten backen.

Kohlenhydrate: 3 g pro Stück

▸ *Champignons mit Basilikumcreme*

Salatblätter mit Olivenfüllung

4 Port. | 15 Min.

1 Mini-Romanasalat, 1 rote Paprika (ca. 150 g), 60 g grüne Kräuter-Oliven, 50 g Walnusskerne, 200 g Hüttenkäse, Salz, Pfeffer

- Den Romanasalat waschen. Den Strunk abschneiden. Die Paprikaschote waschen, putzen und in Stücke schneiden.
- Die Paprikastücke mit den Oliven und den Walnüssen im Mixtopf **3 Sek./Stufe 5** zerkleinern. Den Hüttenkäse und etwas Salz und Pfeffer dazugeben und alles **8 Sek./Linkslauf Stufe 4** verrühren.
- Die Salatblätter auf einer Servierplatte anrichten und mit dem Oliven-Hüttenkäse-Mix füllen.

Kohlenhydrate: 6 g pro Portion

◂ *Salatblätter mit Olivenfüllung*

Auberginen-Mozzarella-»Brot«

4 Port. | 35 Min. | 10 Min. + 35 Min. Backzeit

8 Stiele Basilikum, 2 Knoblauchzehen, 2 Kugeln Mozzarella (à 125 g), Salz, Pfeffer, 2 mittelgroße Auberginen (à ca. 300 g)

- Den Backofen auf 180 °C vorheizen. Das Basilikum waschen, trocken tupfen und die Blättchen abzupfen. Die Knoblauchzehen abziehen und mit den Basilikumblättchen im Mixtopf **5 Sek./Stufe 8** zerkleinern. Die Mischung mit dem Spatel nach unten schieben.
- Die Mozzarellakugeln halbieren, in den Mixtopf geben und mit etwas Salz und Pfeffer würzen. Den Käse **3 Sek./Stufe 5** raspeln.
- Die Auberginen waschen, den oberen Stielansatz abschneiden. Die Oberseite der Auberginen mit einem Messer erst längs in 2 cm breiten Abständen und dann quer einritzen, sodass ein Kreuzmuster entsteht.
- Auberginen mit Mozzarella füllen und im Ofen 35–38 Min. backen. Warm servieren.

Tipp: Die Auberginen schmecken solo gut als kleine Abendmahlzeit und sind ebenso eine leckere Beilage zu Salaten oder Steak.

Kohlenhydrate: 3 g pro Portion

Zucchini-Pommes

10 Min. + 22 Min. Backzeit | 4 Port. | 22 Min.

80 g Parmesan, 60 g Mandeln, 2 Zucchini, 2 Eier

- Den Backofen auf 200 °C vorheizen und ein Blech mit Backpapier belegen.
- Den Parmesan in Stücke schneiden und mit den Mandeln im Mixtopf **10 Sek./Stufe 10** mahlen. Den Käse-Mandel-Mix in einen tiefen Teller geben.
- Die Zucchini waschen und putzen. Das Gemüse in fingerdicke Stifte schneiden.
- Die Eier in einen tiefen Teller geben und verquirlen.
- Die Zucchinistifte erst in Ei, dann in der Parmesan-Mandel-Mischung wälzen. Die Stifte auf das Blech geben und 22–24 Minuten backen.

Tipp: Die Zucchini-Pommes schmecken am besten mit Tomatenketchup (Seite 134), eignen sich aber auch hervorragend als leckere Gemüsebeilage.

Kohlenhydrate: 3 g pro Portion

Salate & Suppen

4 Port. | 20 Min.

Grünes Taboulé

je 10 Stiele Minze und glatte Petersilie, 3 Frühlingszwiebeln, 200 g Feta, 500 g Brokkoli, 200 g Kirschtomaten, ½ Gurke (ca. 200 g), 40 g Olivenöl, 1 EL Zitronensaft, Salz, Pfeffer, nach Belieben 1 Prise Kreuzkümmel

- Die Kräuter waschen, trocken tupfen und die Blättchen von den Stielen zupfen. Die Frühlingszwiebeln waschen, putzen und grob zerteilen. Alles im Mixtopf **5 Sek./Stufe 8** zerkleinern, umfüllen.
- Den Feta in Stücke brechen und im Mixtopf **4 Sek./Stufe 6** zerkleinern, umfüllen. Den Brokkoli waschen, die Röschen abtrennen und im Mixtopf **6–7 Sek./Stufe 5** fein zerkleinern. Brokkoli, Feta, Kräuter und Frühlingszwiebeln in eine große Salatschale geben.
- Die Kirschtomaten waschen und vierteln. Die Gurke waschen und würfeln. Beides mit in die Salatschale geben.
- Für das Dressing das Öl mit Zitronensaft, etwas Salz und Pfeffer sowie etwas Kreuzkümmel im Mixtopf **2 Sek./Stufe 6** verrühren.
- Das Dressing über den Salat verteilen, alles gut vermengen und servieren.

Kohlenhydrate: 4 g pro Portion

Steckrüben-»Kartoffel«-Salat

4 Port. | 35 Min. + 1 Std. Durchziehen | 25 Min.

2 Steckrüben (à ca. 700 g), 400 g Wasser, 1 Glas Salzgurken (Abtropfgewicht 185 g), 30 g Rapsöl, 35 g Gurkensud, 1 TL mittelscharfer Senf, 1 EL TK-Schnittlauch, Salz, Pfeffer

- Die Steckrüben schälen und in mundgerechte Scheiben schneiden. Wasser in den Mixtopf geben. Das Gemüse im Varoma verteilen und je nach Größe der Stücke **25–27 Min./Varoma/Stufe 1** garen.
- Die Salzgurken abgießen, den Sud dabei auffangen. Die Steckrüben in eine große Schüssel geben, das Garwasser wegschütten.
- Die Salzgurken mit dem Öl, dem Gurkensud, Senf, Schnittlauch und etwas Salz und Pfeffer im Mixtopf **2–3 Sek./Stufe 5** zerkleinern.
- Den Salzgurkenmix über die noch warmen Steckrüben geben und mindestens 1 Stunde durchziehen lassen. Den Steckrübensalat nochmals mit Salz und Pfeffer abschmecken und nach Belieben zu Würstchen, Steaks oder Frikadellen servieren.

Variante: 4 hart gekochte Eier pellen, grob zerkleinern und vorsichtig unter den Salat heben.

Tipp: Achten Sie beim Kauf der eingelegten Gurken darauf, dass Sie wirklich »Salzgurken« bekommen (steht vorne auf dem Etikett). Nur bei dieser Sorte wird der Gurkensud nicht mit Zucker angemacht. 100 g Cornichons oder Gewürzgurken liefern ansonsten nämlich schon rund 9 g Zucker!

Kohlenhydrate: 12 g pro Portion

4 Port. | 25 Min.

Fenchelsalat mit Hähnchen-Nuggets

Für die Nuggets: 100 g Mandeln, ½ TL Salz, 2 Eier, 2 EL Kichererbsenmehl (oder Vollkornmehl), 4 kleine Hähnchenbrustfilets, etwas Rapsöl zum Braten
Für den Salat: 2 Möhren, 2 Fenchelknollen, 1 Apfel, 100 g Schmand (oder Crème fraîche), 50 g Orangensaft, Salz, Pfeffer, 40 g Sonnenblumenkerne

- Die Mandeln mit dem Salz in den Mixtopf geben und **10 Sek./Stufe 10** mahlen. Die Mandelpanade in einen tiefen Teller umfüllen. Die Eier in einem tiefen Teller verquirlen. Das Mehl ebenfalls in einen tiefen Teller geben.
- Die Hähnchenfilets in Scheiben schneiden, erst in Mehl, dann in Ei, dann in der Mandelpanade wenden. Etwas Öl in einer Pfanne erhitzen und die Hähnchen-Nuggets darin rundherum braun braten.
- In der Zwischenzeit die Möhren schälen. Den Fenchel waschen und putzen. Beides in Stücke schneiden und im Mixtopf **3 Sek./Stufe 5** zerkleinern.
- Den Apfel waschen, entkernen und ebenfalls in Stücke schneiden. Die Apfelstücke zu dem Gemüse in den Mixtopf geben und alles noch einmal **2–4 Sek./Stufe 4** zerkleinern. Die Rohkost in eine Salatschüssel umfüllen.
- Den Schmand mit Orangensaft und etwas Salz und Pfeffer im Mixtopf **4 Sek./Stufe 6** verrühren und das Dressing über den Salat geben. Die Sonnenblumenkerne darüberstreuen und alles gut vermengen.
- Den Salat zu den Hähnchen-Nuggets servieren.

Kohlenhydrate: 13 g pro Portion

▸ *Fenchelsalat mit Hähnchen-Nuggets*

Nordseekrabben mit Ei und Radieschen

4 Port. | 10 Min.

6 hart gekochte Eier, 150 g Nordseekrabben, 1 Bund Radieschen, 4 EL TK-Dill, 50 g griechischer Joghurt (10% Fett)

- Die hart gekochten Eier achteln und auf einer Servierplatte verteilen, die Krabben darübergeben.
- Die Radieschen putzen und waschen, größere Exemplare halbieren. Die Radieschen mit Dill und Joghurt in den Mixtopf geben und **2 Sek./Stufe 5** zerkleinern. Den Radieschen-Joghurt-Mix über die Krabben geben und den Salat servieren.

Kohlenhydrate: 2 g pro Portion

Rosenkohlsalat mit Pinienkernen

4 Port. | 10 Min.

400 g Rosenkohl, 1 gelbe oder rote Paprika (ca. 150 g), 1 großer Apfel (ca. 200 g), 2 EL Olivenöl, 1 TL Reissirup, 1–2 TL Zitronensaft, 1 TL mittelscharfer Senf, 30 g Pinienkerne, Salz, Pfeffer

- Den Rosenkohl waschen und putzen. Die Paprikaschote und den Apfel waschen, entkernen und grob zerteilen.
- Sämtliche Zutaten in den Mixtopf geben und mit etwas Salz und Pfeffer würzen. Den Gemüse-Apfel-Mix je nach gewünschter Stückigkeit **3–4 Sek./Stufe 5** zerkleinern.
- Den Salat in einer Schüssel anrichten und servieren.

Variante: Wenn der Hunger größer ist, mischen Sie nach dem Zerkleinern einfach noch ca. 150 g Käsewürfel (z. B. Gouda oder Bergkäse) unter den Salat.

Kohlenhydrate: 11 g pro Portion

Kichererbsen-Avocado-Salat

4 Port. | 15 Min.

1 Glas Kichererbsen (Abtropfgewicht 220 g), 1 kleine Zwiebel, 1 Gurke (ca. 300 g), 3 Stangen Staudensellerie, 1 Apfel (ca. 150 g), 1 rote Paprika (ca. 150 g), 1 EL Zitronensaft, 2 EL Rapsöl, 2 EL TK-Dill, 2 Avocados, Salz, Pfeffer

- Die Kichererbsen in ein Sieb geben, abspülen und abtropfen lassen.
- Die Zwiebel abziehen und im Mixtopf **3 Sek./Stufe 5** zerkleinern. Die Gurke schälen und würfeln.
- Den Staudensellerie waschen, in Stücke schneiden. Paprika und Apfel waschen, entkernen und ebenfalls in Stücke schneiden. Mit Zitronensaft, Rapsöl und Dill im Mixtopf je nach gewünschter Stückigkeit **2–3 Sek./Stufe 5** zerkleinern.
- Die Avocados halbieren, den Kern entfernen. Das Fruchtfleisch würfeln und mit den übrigen Salatzutaten aus dem Mixtopf, den Gurkenwürfeln und den Kichererbsen vermengen.
- Den Salat mit Salz und Pfeffer abschmecken und servieren.

Kohlenhydrate: 18 g pro Portion

◂ *Nordseekrabben mit Ei und Radieschen*

4 Port. | 2 Kronen | 20 Min.

Blumenkohl-Hackfleisch-Salat

5 Frühlingszwiebeln, 1 großer Blumenkohl (ca. 1200 g), 400 g Wasser, 1 EL Rapsöl, 500 g Rinderhackfleisch, ½ TL Salz, 2 TL Currypulver, 1 Prise Chiliflocken

- Die Frühlingszwiebeln waschen, putzen und grob zerteilen. Die Zwiebelstücke im Mixtopf **3 Sek./Stufe 5** zerkleinern, umfüllen.
- Den Blumenkohl waschen und in kleine, mundgerechte Röschen zerteilen. Im Varoma verteilen. Das Wasser in den Mixtopf einwiegen, den Varoma einsetzen und die Röschen **10 Min./Varoma/Stufe 1** bissfest garen.
- In der Zwischenzeit das Öl in einer Pfanne erhitzen und das Hackfleisch mit den Gewürzen darin krümelig braten.
- In einer Schüssel den Blumenkohl mit den Frühlingszwiebeln mischen. Das Hackfleisch dazugeben. Alles vermengen und den Salat servieren.

Kohlenhydrate: 4 g pro Portion

Zucchini-Kürbiskern-Rohkost

4 Port. | 1 Krone | 5 Min.

2 Zucchini (à ca. 300–350 g), 25 g Olivenöl, 15 g Apfelessig, 100 g Kürbiskerne (oder Sonnenblumenkerne), Salz, Pfeffer

- Die Zucchini waschen, putzen und in dicke Scheiben schneiden. Das Gemüse mit dem Olivenöl und dem Apfelessig im Mixtopf **2 Sek./Stufe 5** zerkleinern.
- Die Kürbiskerne dazugeben und alles **5 Sek./Linkslauf Stufe 4** verrühren.
- Den Salat am besten erst kurz vor dem Servieren mit Salz und Pfeffer abschmecken, da die Zucchini sonst zu viel Wasser ziehen.

Kohlenhydrate: 7 g pro Portion

4 Port. | 1 Krone | 15 Min.

Grünkohl-Orangen-Salat

400 g Grünkohl (geputzt und ohne Strunk), 100 g Joghurt (3,5 % Fett), 1 TL Senf (mittelscharf), 3 EL Rapsöl, Salz, Pfeffer, 3 Orangen, 2 Avocados

- Den Grünkohl waschen und von den Blattrippen streifen. Das Gemüse in 3 Portionen in den Mixtopf geben und jeweils **10 Sek./Stufe 6** zerkleinern. In eine Salatschüssel umfüllen.
- Für das Dressing den Joghurt, den Senf und das Öl mit etwas Salz und Pfeffer im Mixtopf **2 Sek./Stufe 6** verrühren. Das Dressing über den Grünkohl geben.
- Die Orangen schälen und würfeln. Den Saft dabei auffangen und mit den Orangenwürfeln zum Grünkohl geben. Alles gut vermengen.
- Die Avocados ebenfalls schälen und würfeln. Die Würfel vorsichtig unter den Grünkohl heben und den Salat servieren.

Kohlenhydrate: 14 g pro Portion

Weiße-Bohnen-Topf

24 Min. | 4 Port. | 35 Min.

80 g Parmesan, 1 mittelgroße Zwiebel, 20 g Olivenöl, 500 g gemischtes Gemüse (z. B. Möhren, Lauch, Stangensellerie, Knollensellerie, Zucchini, Petersilienwurzel), 1 kleine Dose weiße Bohnen (240 g Abtropfgewicht), 400 g passierte Tomaten, 500 g Gemüsebrühe, Salz, Pfeffer

- Den Parmesan in Stücke schneiden und im Mixtopf **15 Sek./Stufe 10** raspeln, umfüllen.
- Die Zwiebel abziehen und im Mixtopf **3 Sek./Stufe 5** zerkleinern. Das Öl dazugeben und die Würfel **2 Min./120 °C/Stufe 1** andünsten.
- Das Gemüse waschen bzw. schälen, putzen und in Stücke schneiden. Die Gemüsestücke im Mixtopf **6–10 Sek./Stufe 4** zerkleinern.
- Die Bohnen in ein Sieb geben und abtropfen lassen. Mit den passierten Tomaten, der Gemüsebrühe und etwas Salz und Pfeffer in den Mixtopf geben. Alles **24 Min./100 °C/Linkslauf Stufe 1** garen.
- Den Weiße-Bohnen-Topf nochmals mit Salz und Pfeffer abschmecken und mit Parmesan bestreut servieren.

Kohlenhydrate: 15 g pro Portion

Erbsensuppe mit Wiener

25 Min. | 4 Port. | 30 Min.

1 Zwiebel, 20 g Rapsöl, 750 g TK-Erbsen, 650 g Gemüsebrühe, 4 Wiener Würstchen, 100 g Schmand, Salz, Pfeffer, Muskat

- Die Zwiebel abziehen, halbieren, mit Öl in den Mixtopf geben. Die Zwiebelhälften **3 Sek./Stufe 5** zerkleinern, dann **3 Min./120 °C/Stufe 1** andünsten.
- Die tiefgekühlten Erbsen und die Gemüsebrühe dazugeben. Den Varoma aufsetzen und die Wiener Würstchen hineinlegen. Alles **25 Min./Varoma/Linkslauf Stufe 1** garen.
- Den Varoma und den Mixtopf-Deckel absetzen. Die Waage einschalten und mit einer Suppenkelle 100 g der Erbsen abschöpfen und kurz beiseitestellen. Den Schmand, etwas Salz und Pfeffer sowie Muskat in den Mixtopf geben und das Erbsengemüse **30 Sek./Stufe 8** pürieren.
- Die Erbsen wieder in die Suppe geben und **2 Sek./Linkslauf Stufe 6** unterrühren. Die Erbsensuppe mit den Wiener Würstchen servieren.

Kohlenhydrate: 25 g pro Portion

Staudenselleriesuppe

4 Port. | 30 Min. | 18 Min.

150 g Feta, 50 g Walnüsse, 1 Zwiebel, 1 EL Rapsöl, 2 Bund Staudensellerie (je ca. 400 g), 100 g TK-Erbsen, 500 g Gemüsebrühe, Salz, Pfeffer, 150 g Sahne

- Den Feta in Stücke brechen. Die Käsestücke mit den Walnüssen in den Mixtopf geben und **3 Sek./Stufe 5** zerkleinern, umfüllen. Den Mixtopf spülen.
- Die Zwiebel abziehen, halbieren und im Mixtopf **3 Sek./Stufe 5** zerkleinern. Das Rapsöl dazugeben und die Zwiebeln **3 Min./100 °C/Stufe 1** andünsten.
- In der Zwischenzeit den Staudensellerie waschen und putzen. Die zarten Blätter in Streifen schneiden und beiseitelegen, die Stangen in Stücke schneiden.
- Den Staudensellerie, die Erbsen und die Gemüsebrühe in den Mixtopf geben, mit Salz und Pfeffer würzen und **18 Min./100 °C/Stufe 1** köcheln lassen.
- Die Sahne dazugeben und alles **1 Min./Stufe 8** pürieren. Die Suppe mit Feta-Walnuss-Bröseln und Sellerieblättchen bestreut servieren.

Kohlenhydrate: 11 g pro Portion

4 Port. | 30 Min. | 20 Min.

Kürbissuppe mit Ingwer-Crème-fraîche

1 Stück Ingwer (4 cm), 250 g Crème fraîche, 1 Zwiebel, 20 g Rapsöl, 1 kg Butternusskürbis (850 g Kürbisfruchtfleisch), 500 g Gemüsebrühe, Salz, Pfeffer, 50 g Orangensaft

- Den Ingwer schälen, in Stücke schneiden und im Mixtopf **5 Sek./Stufe 8** zerkleinern. Die Crème fraîche dazugeben und alles **6 Sek./Stufe 4** verrühren, dann umfüllen. Den Mixtopf ausspülen.
- Die Zwiebel abziehen, halbieren, in den Mixtopf geben und **3 Sek./Stufe 5** zerkleinern. Die Zwiebelstücke mit dem Spatel nach unten schieben. Das Öl dazugeben und die Zwiebeln **2 Min. 30 Sek./120 °C/Stufe 1** andünsten.
- In der Zwischenzeit den Butternusskürbis schälen, entkernen und in Stücke schneiden. Das Kürbisfruchtfleisch im Mixtopf **3 Sek./Stufe 5** zerkleinern. Die Brühe und etwas Salz und Pfeffer dazugeben und alles **20 Min./100 °C/Stufe 1** köcheln lassen.
- Den Orangensaft hinzufügen und die Suppe **10 Sek./Stufe 8** pürieren, nochmals mit Salz und Pfeffer abschmecken. Dann noch einmal **10 Sek./Stufe 7** pürieren.
- Die Kürbissuppe mit einem Klecks Ingwer-Crème-fraîche servieren.

Tipp: Der Butternusskürbis ist besonders kohlenhydratarm und damit ideal für die Low-Carb-Küche.

Kohlenhydrate: 8 g pro Portion

Tomaten-Mozzarella-Suppe

4 Port. | 25 Min. | 15 Min.

5 Stiele Basilikum, 50 g Pinienkerne, 2 Kugeln Mozzarella (je 125 g), 1 Zwiebel, 1 Knoblauchzehe, 1 EL Olivenöl, 1 kg passierte Tomaten, 200 g Gemüsebrühe, 1 EL Tomatenmark, 1 TL Birkenzucker, Salz, ½ TL getrockneter Oregano

- Die Basilikumblättchen von den Stielen zupfen, waschen und trocken tupfen. Die Pinienkerne in den Mixtopf geben und **3 Min./100 °C/Stufe 2** rösten. Den Mozzarella in Stücke brechen und mit den Basilikumblättchen dazugeben. Alles **5 Sek./Stufe 4** zerkleinern. Die Mischung in ein Schälchen füllen. Den Mixtopf ausspülen.
- Die Zwiebel und die Knoblauchzehe abziehen. Die Zwiebel halbieren, mit der Knoblauchzehe in den Mixtopf geben und **3 Sek./Stufe 5** zerkleinern. Das Olivenöl hinzufügen und Zwiebel und Knoblauch **3 Min./100 °C/Stufe 1** andünsten.
- Die passierten Tomaten, die Gemüsebrühe, das Tomatenmark, den Birkenzucker, etwas Salz und den Oregano dazugeben und alles **15 Min./98 °C/Stufe 1** köcheln lassen.
- Die Suppe in Schälchen anrichten und mit dem Mozzarella-Pinienkern-Mix bestreut servieren.

Kohlenhydrate: 8 g pro Portion

▸ *Tomaten-Mozzarella-Suppe*

4 Port. | 30 Min. | 18 Min.

Brokkolicremesuppe mit Knusperschinken

60 g Haselnüsse, 100 g gewürfelter Schinken, 1 TL Thymianblättchen (frisch oder getrocknet), Pfeffer, 500 g Brokkoli (den Strunk mitverwenden), 200 g TK-Erbsen, 750 g Gemüsebrühe, 200 g Crème fraîche, Salz, Muskat

● Die Haselnüsse in den Mixtopf geben und **7 Sek./Stufe 5** hacken, umfüllen. Die Schinkenwürfel mit Thymian und etwas Pfeffer in den Mixtopf geben und **4 Min. 30 Sek./100 °C/Linkslauf Stufe 1** andünsten. Zu den Haselnüssen geben und vermengen.
● Den Brokkoli waschen, putzen und in Röschen schneiden, den Strunk in Stücke schneiden. Das Gemüse im Mixtopf **2 Sek./Stufe 5** zerkleinern. Die Erbsen und die Gemüsebrühe dazugeben und alles **18 Min./98 °C/Linkslauf Stufe 1** köcheln lassen.
● Das Gemüse **20 Sek./Stufe 7** pürieren. Die Crème fraîche sowie etwas Salz und Muskat hinzufügen und **5 Sek./Stufe 5** unterrühren.
● Die Brokkolicremesuppe mit dem Schinken-Haselnuss-Mix bestreut servieren.

Kohlenhydrate: 11 g pro Portion

◂ *Brokkolicremesuppe mit Knusperschinken*

Gemüsecremesuppe mit Hack

22 Min. | 4 Port. | 35 Min.

1 Bund Suppengrün (ca. 500 g), 500 g gemischtes Hackfleisch, 20 g Rapsöl, 1 EL Tomatenmark, 600 g Gemüsebrühe, 80 g Sahne, Salz, Pfeffer, Muskat, 100 g Kräuter-Frischkäse

● Das Suppengrün waschen, putzen und in Stücke schneiden. Im Mixtopf **3–4 Sek./Stufe 5** zerkleinern. Das Gemüse umfüllen.
● Das Hackfleisch mit dem Öl im Mixtopf **9 Min./120 °C/Linkslauf Stufe 1** andünsten. Das Gemüse, das Tomatenmark, die Gemüsebrühe, die Sahne sowie etwas Salz, Pfeffer und Muskat dazugeben und alles **22 Min./100 °C/Linkslauf Stufe 1** köcheln lassen.
● Den Kräuter-Frischkäse hinzufügen und **2 Sek./Linkslauf Stufe 6** unterrühren.
● Die Suppe in Schälchen anrichten und servieren.

Kohlenhydrate: 6 g pro Portion

Thai-Kokos-Suppe

18 Min. | 4 Port. | 35 Min.

400 g Hähnchenbrustfilet, 1 Limette, 1 Knoblauchzehe, 1 Stück Ingwer (3 cm), 1 kleine Aubergine (ca. 200 g), 1 TL Currypulver, 2 Tomaten (à ca. 100 g), 200 g Shiitake-Pilze oder Champignons, 400 g Kokosmilch, 200 g Sahne, 100 g Gemüsebrühe, ½ TL Chiliflocken, 1–2 EL Sojasauce

● Das Hähnchenbrustfilet würfeln und in eine Schüssel geben. Die Limette schälen und halbieren. Die Knoblauchzehe abziehen. Den Ingwer schälen. Die Limette mit Knoblauch und Ingwer in den Mixtopf geben und alles **6 Sek./Stufe 8** zerkleinern. Die Marinade über das Hähnchenfleisch geben, gut durchmischen und 15 Minuten durchziehen lassen.
● In der Zwischenzeit die Aubergine waschen, putzen und in 1 cm große Würfel schneiden. Mit dem Currypulver in den Mixtopf geben und **3 Min./100 °C/Linkslauf Stufe 1** andünsten.
● Die Tomaten waschen und achteln. Die Pilze putzen und in dünne Scheiben schneiden. Beides zusammen mit den Hähnchenwürfeln, Kokosmilch, Sahne, Brühe und Chiliflocken in den Mixtopf geben und **18 Min./98 °C/Linkslauf Stufe 1** köcheln lassen.
● Die Suppe mit Sojasauce abschmecken.

Kohlenhydrate: 10 g pro Portion

Fleisch & Fisch

Putenspieße mit fruchtiger Currysauce

25 Min.

4 Port. | 2 | 35 Min.

2 gelbe oder rote Paprika (à ca. 150 g), 500 g Putenbrustfilet, Salz, Pfeffer, Currypulver, 1000 g Wasser, 1 TL Gemüsebrühepulver, 150 g Quinoa, 1 Zucchini (ca. 300 g), 70 g Sahne, 1 Banane

- Die Paprika waschen, entkernen und in etwa 3 × 3 cm große Stücke schneiden. Das Fleisch mit Salz, Pfeffer und Currypulver würzen und ebenfalls würfeln. Abwechselnd auf Spieße stecken. In den Varoma legen.
- Wasser und Gemüsebrühe in den Mixtopf geben. Den Gareinsatz einhängen und den Quinoa einwiegen. Den Varoma aufsetzen.
- Die Zucchini waschen und in 1 cm dicke Scheiben schneiden. Den Varoma-Einlegeboden einsetzen und die Zucchini darauf verteilen. Alles **25 Min./Varoma/Stufe 1** garen.
- Die Garflüssigkeit auffangen. 150 g Garflüssigkeit mit der Sahne, etwas Salz und Pfeffer sowie 1 Esslöffel Currypulver in den Mixtopf geben. Die Banane in Stücke brechen, dazugeben und alles **30 Sek./Stufe 8** zu einer cremigen Sauce pürieren.
- Die Putenspieße mit Zucchini, Quinoa und Currysauce auf Tellern anrichten.

Kohlenhydrate: 34 g pro Portion

4 Port. | 40 Min. | 25 Min.

Ofenfrikadellen mit Rahmgemüse

Für die Frikadellen: 80 g Mandeln, 500 g gemischtes Hackfleisch, 1 Ei, Salz, Pfeffer, ½ TL Paprikapulver
Für das Rahmgemüse: 1 Knollensellerie (ca. 900 g), 4 große Möhren (à ca. 100 g), 1 Stange Lauch, 400 g Wasser, 50 g Sahne + 2 EL Sahne, Muskat

- Den Ofen auf 180 °C vorheizen. Die Mandeln im Mixtopf **10 Sek./Stufe 10** mahlen. Das Hackfleisch und das Ei dazugeben. Mit etwas Salz und Pfeffer sowie Paprikapulver würzen und alles **2 Min./Linkslauf Stufe 3** verrühren.
- Ein Blech mit Backpapier belegen. Aus der Hackfleischmasse etwa 12 Frikadellen formen und auf das Blech geben. Im Ofen 30–35 Minuten braun braten.
- Knollensellerie schälen und in Stücke schneiden. In den Mixtopf geben und **3 Sek./Stufe 5** zerkleinern, in den Gareinsatz umfüllen. Die Möhren schälen, putzen und in Scheiben schneiden. Den Lauch waschen, putzen und schräg in Scheiben schneiden.
- Das Wasser in den Mixtopf geben und den Gareinsatz einhängen. Möhren und Lauch im Varoma verteilen. Den Varoma aufsetzen und alles **25 Min./Varoma/Stufe 1** garen.
- Die Garflüssigkeit wegschütten. Den Varoma kurz beiseitestellen. Den Sellerie mit 50 g Sahne in den Mixtopf geben, mit Muskat, Salz und Pfeffer würzen und **25 Sek./Stufe 6** pürieren.
- Das Gemüse mit 2 EL Sahne in eine Servierschale geben und mit Salz und Pfeffer würzen. Mit Selleriestampf und den Ofenfrikadellen servieren.

Kohlenhydrate: 10 g pro Portion

Schnelles Gyros mit Spitzkohl-Slaw

4 Port. | 20 Min.

Für den Spitzkohlsalat: 1 kleine Zwiebel, 100 g Möhren, 500 g Spitzkohl, 2 TL Birkenzucker, 1 TL Salz, 1 EL Apfelessig, 2 EL TK-Dill
Für das Gyros: 3 Zwiebeln, 8 eingelegte milde Peperoni, ½ TL Thymianblättchen (getrocknet oder frisch), 1 EL Rapsöl, 800 g Schweinegeschnetzeltes

- Die Zwiebel abziehen und halbieren. Die Möhren schälen, putzen und grob zerteilen. Beides in den Mixtopf geben und **3 Sek./Stufe 5** zerkleinern.
- Den Spitzkohl waschen und grob zerteilen. Den Kohl mit Birkenzucker, Salz, Essig und Dill in den Mixtopf geben und mithilfe des Spatels **14 Sek./Stufe 4** zerkleinern. In eine Salatschüssel geben und 10 Minuten durchziehen lassen.
- In der Zwischenzeit für das Gyros die Zwiebeln abziehen und halbieren. Die Zwiebelhälften mit Peperoni und Thymian in den Mixtopf geben und **3 Sek./Stufe 5** zerkleinern. Das Öl in einer Pfanne erhitzen. Den Zwiebel-Peperoni-Mix und das Schweinegeschnetzelte bei mittlerer Hitze etwa 7 Minuten braten. Mit Spitzkohl-Slaw servieren.

Tipp: Der Spitzkohlsalat kann prima schon am Vortag zubereitet werden.

Kohlenhydrate: 11 g pro Portion

▸ *Ofenfrikadellen mit Rahmgemüse*

Italienisches Rindsragout

4 Port. | 75 Min. | 55 Min.

4 Zwiebeln, 2 Möhren (à 100 g), etwas Rapsöl zum Anbraten, 750 g Rindergulasch (gewürfelt), 200 g passierte Tomaten, 150–200 g Wasser, je ½ TL getrockneter Oregano und Thymian, ½ TL Salz, 2 große Auberginen (à 350 g)

- Die Zwiebeln abziehen und halbieren. Die Möhren putzen, schälen und in Stücke schneiden. Beides im Mixtopf **3 Sek./Stufe 5** zerkleinern. 1 Esslöffel Öl dazugeben und **5 Min./120 °C/Stufe 1** andünsten. Die Fleischwürfel hinzufügen und **5 Min./120 °C/Linkslauf Rührstufe** anbraten.
- Die Tomaten und 150–200 g Wasser dazugeben, so viel, dass die Flüssigkeit etwa 2 cm über den Fleischwürfeln steht. Mit Oregano, Thymian und Salz würzen und alles **60 Min./98 °C/Linkslauf Stufe 1** schmoren lassen.
- Die Auberginen waschen, putzen, vierteln und würfeln. Etwas Öl in einer Pfanne erhitzen und die Auberginenwürfel darin rundherum braun braten. Das Gemüse zum Rindsragout servieren.

Tipp: Gebratene Auberginen sind eine prima Beilage. Sie nehmen Sauce fast gut auf wie Kartoffeln, sättigen dank der enthaltenen Ballaststoffe gut, sind dabei aber sehr arm an Kohlenhydraten. Außerdem stecken in ihnen reichlich entwässerndes Kalium und viel Vitamin C.

Kohlenhydrate: 12 g pro Portion

◂ *Kohlrabi-Lasagne*

Kohlrabi-Lasagne

4 Port. | 30 Min. + 35 Min. Backzeit | 35 Min.

1 Zwiebel, 1 Knoblauchzehe, 1 EL Olivenöl, 500 g Rinderhackfleisch, 400 g passierte Tomaten, 1 TL getrockneter Oregano, Salz, Pfeffer, 4 Kohlrabi (à ca. 250 g), 300 g Frischkäse, 1 Ei, 80 g Vollmilch, Muskat, 4 Scheiben Goudakäse

- Die Zwiebel und die Knoblauchzehe abziehen und im Mixtopf **3 Sek./Stufe 5** zerkleinern. Das Öl dazugeben und alles **2 Min./100 °C/Stufe 1** andünsten.
- Das Hackfleisch dazugeben und **6 Min./100 °C/Linkslauf Stufe 1** anbraten. Tomaten mit Oregano sowie etwas Salz und Pfeffer hinzufügen und **15 Min./98 °C/Linkslauf Stufe 1** einkochen lassen.
- In der Zwischenzeit den Kohlrabi schälen und in 2–3 mm dicke Scheiben schneiden. In einem Topf mit kochendem Salzwasser 5–7 Min. bissfest vorgaren. Den Backofen auf 200 °C vorheizen. Die Kohlrabischeiben in einem Sieb gut abtropfen lassen.
- 100 g Frischkäse in den Mixtopf geben und **6 Sek./Linkslauf Stufe 4** unterrühren. Die Kohlrabischeiben abwechselnd mit der Hackfleischsauce in eine Auflaufform schichten, dabei mit der Hackfleischsauce beginnen und mit Kohlrabi enden.
- Den übrigen Frischkäse mit Ei, Milch, Muskat und Salz im Mixtopf **10 Sek./Stufe 4** verrühren, über die Lasagne gießen. Den Auflauf mit Goudakäse belegen und im Ofen 35–40 Minuten überbacken.

Tipp: Sie können eine Hälfte der Lasagne auch mit herkömmlichen Lasagneblättern zubereiten.

Kohlenhydrate: 7 g pro Portion

Bolognese mit Zucchininudeln

4 Port. | 35 Min.

60 g Parmesan, 1 mittelgroße Zwiebel, 1 Knoblauchzehe, 20 g Olivenöl, 500 g gemischtes Hackfleisch, 500 g passierte Tomaten, 1 EL Tomatenmark, 1 TL getrockneter Oregano, Salz, Pfeffer, 1 TL Birkenzucker, 800 g Zucchini, 150 g Vollkornspaghetti

- Den Parmesan in Stücke schneiden und im Mixtopf **10 Sek./Stufe 10** mahlen, umfüllen. Zwiebel und Knoblauchzehe abziehen, mit dem Öl in den Mixtopf geben und **3 Sek./Stufe 5** zerkleinern. Mit dem Spatel nach unten schieben und **3 Min./120 °C/Stufe 1** andünsten.
- Das Hackfleisch dazugeben und **7 Min./120 °C/Linkslauf Stufe 1,5** anbraten. Die passierten Tomaten, das Tomatenmark, den Oregano, etwas Salz und Pfeffer sowie den Birkenzucker dazugeben und alles **15 Min./100 °C/Linkslauf Stufe 1,5** einkochen lassen.
- In der Zwischenzeit die Zucchini mit einem Spiralschneider zu Spaghetti schneiden. Die Zucchininudeln im Varoma verteilen. Die Vollkornspaghetti in einem Topf mit kochendem Salzwasser garen. Den Varoma mit den Zucchininudeln aufsetzen und alles **5 Min./Varoma/ Linkslauf Stufe 1,5** zu Ende garen.
- Die Vollkornspaghetti abgießen, mit den Zucchininudeln in eine Schale geben und vermengen. Mit Bolognese und Parmesan servieren.

Variante: Noch mehr Kohlenhydrate sparen? Ersetzen Sie die Vollkornspaghetti durch 250 g Möhrenspaghetti! Die Garzeit der Möhrennudeln beträgt im Varoma 12 Minuten. Die Zucchininudeln dann erst später in den Varoma geben und garen, sonst werden sie zu weich.

Kohlenhydrate: 31 g pro Portion

4 Port. | 30 Min. | 10 Min.

Parmesan-Schnitzel mit Pesto-Gemüse

80 g Parmesan, 3 Eier (M), 2 Zucchini (à ca. 200 g), je 1 gelbe und rote Paprikaschote (à ca. 150 g), 150 g Kirschtomaten, 500 g Wasser, 4 dünne Kalbs- oder Schweineschnitzel, Salz, Pfeffer, 3 EL Kichererbsenmehl (oder Vollkornmehl), Rapsöl zum Braten, 4 EL Basilikum-Pesto (gekauft oder selbst gemacht)

- Den Parmesan in Stücke schneiden und im Mixtopf **20 Sek./Stufe 10** fein raspeln. Die Eier dazugeben und **20 Sek./Stufe 4** verquirlen. Die Mischung in einen tiefen Teller geben. Den Mixtopf ausspülen.
- Die Zucchini und die Paprikaschoten waschen und putzen. Die Zucchini in Scheiben schneiden, die Paprika in Spalten. Das Gemüse mit den Kirschtomaten im Varoma verteilen. Das Wasser einwiegen und alles **20 Min./Varoma/Stufe 1** dämpfen.
- Schnitzel etwas flachklopfen, mit Salz und Pfeffer würzen. Das Kichererbsenmehl in einen tiefen Teller geben und die Schnitzel darin wenden, gut abklopfen, dann durch die Parmesan-Eier-Masse ziehen.
- Das Rapsöl in einer Pfanne erhitzen und die Schnitzel darin von jeder Seite ca. 3 Minuten braten.
- Das Gemüse auf Tellern anrichten und das Basilikum-Pesto darübergeben. Die Parmesan-Schnitzel dazu servieren.

Tipp: Die Schnitzel müssen wirklich dünn sein, wenn sie mit Parmesan paniert werden, da der Käse ansonsten verbrennt, während das Fleisch noch nicht gar ist.

Kohlenhydrate: 12 g pro Portion

▸ *Parmesan-Schnitzel mit Pesto-Gemüse*

4 Port. | 30 Min. + 30 Min. Backzeit | 25 Min.

Überbackene Putenschnitzel

100 g mittelalter Gouda, 1 kg Brokkoli, 1 rote Paprika (ca. 150 g), 400 g Wasser, 4 Putenschnitzel, etwas Rapsöl zum Braten, 1 mittelgroße Zwiebel, 125 g Kochsahne, 125 g Vollmilch, 150 g Gorgonzola, Salz, Pfeffer, Muskat

- Den Gouda in Stücke schneiden und **6 Sek./Stufe 6** raspeln, umfüllen. Brokkoli waschen, putzen und die Röschen vom Strunk schneiden. Die Paprika waschen, putzen und in Spalten schneiden. Brokkoliröschen und Paprika im Varoma verteilen. Das Wasser in den Mixtopf geben und den Varoma aufsetzen. Das Gemüse **15 Min./Varoma/Stufe 1** vorgaren.
- In der Zwischenzeit das Rapsöl in einer Pfanne erhitzen und die Putenschnitzel von jeder Seite ca. 4 Minuten anbraten. Die Schnitzel in eine große Auflaufform legen.
- Den Backofen auf 200 °C vorheizen. Das Gemüse in der Auflaufform verteilen. Das Garwasser wegschütten.
- Die Zwiebel abziehen, halbieren und mit 1 Esslöffel Öl im Mixtopf **2 Min./120 °C/Stufe 1** andünsten. Die Kochsahne und die Milch hinzufügen und **6 Min./100 °C/Stufe 3** aufkochen. Den Gorgonzola in Stücke brechen, mit etwas Salz, Pfeffer und Muskat dazugeben und **15 Sek./Stufe 3,5** unterrühren. Die Sauce über den Putenschnitzeln verteilen.
- Den Gouda darüberstreuen und den Auflauf je nach Dicke der Schnitzel im Ofen 25–30 Minuten goldbraun überbacken.

Kohlenhydrate: 10 g pro Portion

Curry-Hack-Auflauf mit Blumenkohlreis

4 Port. | 40 Min. + 24 Min. Backzeit | 20 Min.

1 mittelgroße Zwiebel, 1 Knoblauchzehe, 250 g Möhren, 1 TL Curry, 1 Prise Zimt, 1 EL Rapsöl, 1 EL Tomatenmark, 500 g Hackfleisch, 1 Dose stückige Tomaten (400 g), 2 Eier, 75 g Sahne, Salz, Pfeffer, 1 Blumenkohl (ca. 700 g), 400 g Wasser, 2 EL gehobelte Mandeln

- Den Backofen auf 175 °C Umluft vorheizen. Die Zwiebel und die Knoblauchzehe abziehen. Die Möhren schälen und in Stücke schneiden. Die Zwiebel halbieren, mit Knoblauch und Möhren in den Mixtopf geben und **3 Sek./Stufe 5** zerkleinern. Curry, Zimt und Öl dazugeben und alles **3 Min./120 °C/Linkslauf Stufe 1** andünsten.
- Das Tomatenmark und das Hackfleisch dazugeben und alles **7 Min./120 °C/Linkslauf Stufe 1** dünsten. Die Hackfleischmischung in einer Auflaufform verteilen. Die Tomaten darübergeben und etwas mit dem Hackfleisch vermengen.
- Die Eier und die Sahne in den Mixtopf geben, kräftig mit Salz und Pfeffer würzen und **4 Sek./Stufe 6** vermischen. Die Eiersahne über den Auflauf gießen. Den Auflauf im Ofen 24 Minuten überbacken, bis die Eiersahne gestockt ist.
- In der Zwischenzeit den Blumenkohl waschen und in Stücke zerteilen. Die Blumenkohlstücke im Mixtopf mithilfe des Spatels **5–7 Sek./Stufe 5** zu reiskorngroßen Stücken zerkleinern. Im Varoma verteilen und mit Salz würzen.
- Das Wasser in den Mixtopf einwiegen, den Varoma aufsetzen und den Blumenkohl **20 Min./Varoma/Stufe 1** dünsten. Die Mandeln über den Blumenkohlreis geben und zum Curry-Hack-Auflauf servieren.

Kohlenhydrate: 9 g pro Portion

4 Port. | 20 Min.

Grundrezept Blumenkohl-Pilaw

2 EL gehobelte Mandeln, 1 Zwiebel, 1 Knoblauchzehe, 2 EL Raps- oder Kokosöl, 1 EL Kurkuma (oder Curry), 1 Blumenkohl, 1 EL Rosinen, Salz

- Die Mandeln in einer großen beschichteten Pfanne ohne Fettzugabe 2 Minuten anrösten.
- Die Zwiebel und die Knoblauchzehe abziehen und im Mixtopf **3 Sek./Stufe 5** zerkleinern. Zwiebel- und Knoblauchwürfel mit Öl und Kurkuma in die Pfanne zu den Mandeln geben und einige Minuten glasig dünsten.
- Blumenkohl waschen und putzen. Die Röschen abtrennen und im Mixtopf **5–7 Sek./Stufe 5** zu reiskorngroßen Stücken zerkleinern. Dabei den Spatel zu Hilfe nehmen.
- Den Blumenkohlreis und die Rosinen in die Pfanne geben und alles gut vermengen. 4 Esslöffel Wasser hinzufügen und 12–15 Minuten bei mittlerer Hitze dünsten. Immer wieder umrühren und eventuell noch etwas Wasser dazugeben. Mit Salz abschmecken.

Tipp: Dieser herrlich duftende »Reis« ist eine prima Beilage zu Geflügel oder Currys.

Kohlenhydrate: 8 g pro Portion

Scharfe Keulen mit Möhren-Pommes

15 Min. + 25 Min. Garzeit | 4 Port. | 22 Min.

2 Chilischoten, 2 Knoblauchzehen, 3 EL Rapsöl, ½ TL Salz, ½ TL Paprikapulver, 8 Hähnchenunterschenkel, 1 kg Möhren

- Den Backofen auf 190 °C Umluft vorheizen. Die Chilischoten waschen, putzen und halbieren. Die Kerne mit einem Löffel herauskratzen. Die Knoblauchzehen abziehen und mit den Chilischoten, 2 Esslöffeln Rapsöl, ½ Teelöffel Salz und Paprikapulver im Mixtopf **5 Sek./Stufe 5** zerkleinern. Alles mit dem Spatel nach unten schieben und noch einmal **5 Sek./Stufe 5** zerkleinern.
- Die Hähnchenschenkel in eine ofenfeste Form geben und mit der Chili-Marinade bepinseln. Im Ofen 35–40 Minuten garen.
- Die Möhren schälen und in pommesgroße Stifte schneiden. Ein Blech mit Backpapier belegen und das Gemüse darauf geben. Mit Rapsöl beträufeln und salzen. Die Möhrenstifte zu den Hähnchenschenkeln in den Ofen geben und 25 Minuten mitgaren.
- Hähnchenschenkel und Möhren-Pommes aus dem Ofen nehmen und servieren.

Kohlenhydrate: 12 g pro Portion

4 Port. | 20 Min.

Würzige Speck-Pfanne

1 Spitzkohl (ca. 1 kg), 1 mittelgroße Zwiebel, 1 EL Butter, 200 g gewürfelter Schinkenspeck, 1 große Dose weiße Bohnen (Abtropfgewicht 400 g), Salz, Pfeffer

- Den Spitzkohl waschen, putzen und grob zerteilen. Die Zwiebel abziehen und halbieren. Beides im Mixtopf **8–10 Sek./Stufe 4** in mundgerechte Stücke zerkleinern.
- Die Butter in einer großen Pfanne erhitzen. Den Schinkenspeck darin kross anbraten. In der Zwischenzeit die Bohnen abgießen.
- Den Spitzkohl und die Bohnen zu dem Speck in die Pfanne geben, alles gut vermengen, mit Salz und Pfeffer abschmecken und noch etwa 10 Minuten andünsten.
- Die Speckpfanne auf Teller geben und servieren.

Kohlenhydrate: 29 g pro Portion

4 Port. | 20 Min.

Möhrennudeln mit Garnelen und Erdnusssauce

1 kg Möhren (möglichst große), 2 EL Rapsöl, 400 g Garnelen, 1 Knoblauchzehe, 1 Stück Ingwer (ca. 3 cm), 1 EL Reissirup, 3 EL Limettensaft, 90 g Erdnussbutter (nach Belieben crunchy oder cremig), 40–50 ml Wasser

- Die Möhren schälen, putzen und mit einem Spiralschneider (oder Sparschäler) zu Nudeln verarbeiten. Das Öl in einer großen Pfanne erhitzen und die Garnelen darin anbraten. Die Möhrennudeln dazugeben und einige Minuten mitbraten.
- Für die Sauce die Knoblauchzehe und den Ingwer schälen. Beides im Mixtopf **10 Sek./Stufe 6** fein zerkleinern, mit dem Spatel nach unten schieben. Den Reissirup, den Limettensaft, die Erdnussbutter und das Wasser dazugeben und alles **15 Sek./Stufe 4** zu einer cremigen Sauce verrühren.
- Die Erdnuss-Limetten-Sauce über die Bratnudeln geben. Alles gut vermengen und servieren.

Variante: Ein Teil der Möhrennudeln lässt sich gut durch Zucchininudeln (Seite 109) ersetzen. Diese benötigen in der Pfanne nur 1–2 Minuten Garzeit, daher am besten erst ganz am Schluss mit in die Pfanne geben.

Kohlenhydrate: 17 g pro Portion

◂ *Möhrennudeln mit Garnelen und Erdnusssauce*

Shepherd's Pie

4 Port. | 30 Min. + 30 Min. Backzeit | 30 Min.

1 mittelgroße Zwiebel, 1 Möhre (ca. 100 g), 400 g Wasser, 1 großer Blumenkohl (ca. 1000 g), 250 g Champignons, 1 EL Rapsöl, 500 g Lamm- oder Rinderhackfleisch, 200 g Rotwein oder Gemüsebrühe, 250 g grüne Bohnen (TK), 1 EL Chia-Samen, Salz, Pfeffer, 1 Knoblauchzehe, 1 EL Butter, Muskat

- Die Zwiebel abziehen. Die Möhre schälen, putzen und in Stücke schneiden. Beides im Mixtopf **3 Sek./Stufe 5** zerkleinern, umfüllen.
- Das Wasser in den Mixtopf geben. Den Blumenkohl waschen und in Röschen teilen. Den Strunk mitverwenden und in Stücke schneiden. Den Kohl im Varoma verteilen und **25 Min./Varoma/Stufe 1** garen.
- In der Zwischenzeit die Champignons putzen und vierteln. Das Öl in einer großen Pfanne erhitzen. Pilze mit Zwiebel-Möhren-Mix und Hack braun braten. Rotwein oder Brühe sowie die TK-Bohnen und die Chia-Samen dazugeben. Mit Salz und Pfeffer würzen und 15 Minuten köcheln lassen.
- Den Ofen auf 180 °C Umluft vorheizen. Das Blumenkohl-Garwasser wegschütten. Die Knoblauchzehe abziehen und mit Blumenkohl, Butter und etwas Muskat im Mixtopf **20 Sek./Stufe 8** pürieren.
- Den Hackfleisch-Gemüse-Mix in eine Auflaufform geben. Darauf das Blumenkohlpüree verstreichen.
- Den Shepherd's Pie im Ofen 30 Minuten goldbraun backen.

Tipp: Das Blumenkohlpüree können Sie auch solo zubereiten, als Beilage zu Fleisch oder Fisch.

Kohlenhydrate: 9 g pro Portion

Lachsbuletten mit Süßkartoffelpüree

4 Port. | 30 Min. | 10 Min.

25 g Mandeln, 3 Pck. geräucherter Stremellachs (à 125 g), 1 Ei, 1 EL Dill (frisch oder TK), 1–2 TL Sahnemeerrettich, 400 g Süßkartoffeln, 1 kleiner Blumenkohl (ca. 500 g), 400 g Wasser, Rapsöl zum Braten, 50 g Vollmilch, 1 EL Butter, Salz, Muskat

- Die Mandeln im Mixtopf **10 Sek./Stufe 10** mahlen. Den Lachs von der silbrigen Fischhaut lösen und mit Ei, Dill und Meerrettich im Mixtopf **4 Sek./Stufe 4** vermengen, umfüllen und beiseitestellen. Den Mixtopf spülen.
- Die Süßkartoffeln schälen und in grobe Stücke schneiden. Die Stücke im Mixtopf **3 Sek./Stufe 5** zerkleinern und in den Gareinsatz umfüllen. Den Blumenkohl waschen, die Röschen abtrennen und im Varoma verteilen. Das Wasser einwiegen, den Gareinsatz einhängen, den Varoma aufsetzen und alles **20 Min./Varoma/Stufe 1** garen.
- In der Zwischenzeit das Rapsöl in einer Pfanne erhitzen. Aus der Räucherlachsmasse 8 kleine Frikadellen formen und im heißen Öl von beiden Seiten braun braten.
- Die Garflüssigkeit wegschütten. Die Süßkartoffeln und den Blumenkohl mit Milch und Butter in den Mixtopf geben. Mit Salz und Muskat würzen und **8–10 Sek./Stufe 6,5** pürieren.
- Das Süßkartoffel-Püree mit den Räucherlachs-Buletten servieren.

Tipp: Der Mix aus Süßkartoffeln und Blumenkohl schmeckt grandios und durch den hohen Blumenkohlanteil ist das Püree deutlich kohlenhydratärmer als herkömmliches Kartoffel- oder Süßkartoffelpüree.

Kohlenhydrate: 27 g pro Portion

4 Port. | 30 Min. | 25 Min.

Fisch & Sellerie-Chips

50 g Mandeln, Salz, 2 Knollensellerie (à ca. 500 g), 400 g Wasser, 1 EL Rapsöl, ½ TL scharfes Paprikapulver, 4 Seelachs- oder Rotbarschfilets, 2 Eier, 3 EL Kichererbsenmehl (oder Vollkornmehl), etwas Rapsöl zum Braten, 200 g Quark (20 % Fett), 1 EL TK-Schnittlauch, 1 Zitrone

- Die Mandeln mit ½ TL Salz in den Mixtopf geben und **10 Sek./Stufe 10** mahlen, in einen tiefen Teller umfüllen. Den Backofen auf 200 °C vorheizen.
- Die Sellerieknollen schälen und in pommesgroße Stifte schneiden. Das Gemüse im Varoma verteilen. Das Wasser einwiegen und die Selleriepommes **10 Min./Varoma/Stufe 1** vorgaren.
- Ein Blech mit Backpapier belegen und die Selleriepommes darauf verteilen. Das Rapsöl mit Paprikapulver und ¼ TL Salz vermischen und darübergeben. Die Pommes im Ofen etwa 15 Minuten kross backen.
- In der Zwischenzeit die Seelachsfilets in Streifen schneiden. Die Eier in einem tiefen Teller verquirlen und den Fisch erst in Kichererbsenmehl, dann in Ei und zuletzt in der Mandelpanade wenden.
- Etwas Öl in einer Pfanne erhitzen und den Fisch darin rundherum braun braten. Den Quark mit dem Schnittlauch verrühren und als Dip zum gebratenen Fisch und den Selleriepommes servieren. Den Fisch nach Belieben mit Zitronensaft beträufeln.

Kohlenhydrate: 12 g pro Portion

► *Fisch & Sellerie-Chips*

4 Port.		35 Min.	26 Min.

Hähnchenbrust mit Basilikumsauce

1 kleiner Blumenkohl (ca. 350 g), 500 g Hähnchenbrust, 30 g Olivenöl, 1TL Salz, ½ TL Pfeffer, ½ TL Paprikapulver, 1 Strunk Brokkoli (ca. 500 g) oder 1 kleiner Kopf Romanesco, 200 g Erbsenschoten, 150 g Kirschtomaten, 500 g Wasser, 1 Bund Basilikum, 200 g Crème fraîche

● Den Blumenkohl waschen und in Röschen zerteilen. Das Gemüse im Mixtopf mithilfe des Spatels **5–7 Sek./Stufe 5** zu reiskorngroßen Stücken zerkleinern. In den Gareinsatz umfüllen. Den Mixtopf kurz ausspülen.

● Die Hähnchenbrust in 1 cm dicke Scheiben schneiden und auf einen Teller legen. Das Olivenöl mit 1 TL Salz, je ½ TL Pfeffer und Paprikapulver im Mixtopf **2 Sek./Stufe 6** verrühren, über das Hähnchen verteilen.

● Den Brokkoli waschen und in Röschen zerteilen. Die Erbsenschoten und die Kirschtomaten waschen. Das Gemüse im Varoma verteilen. Das Wasser einwiegen. Den Gareinsatz mit dem Blumenkohl und den Varoma mit Einlegeboden aufsetzen. Das Fleisch auf dem Einlegeboden verteilen. Alles **26 Min./Varoma/Stufe 1** dämpfen.

● Das Basilikum waschen, trocken tupfen und die Blättchen abzupfen. Den Varoma und den Gareinsatz kurz beiseitestellen, die Garflüssigkeit auffangen. 30 g Garflüssigkeit mit der Crème fraîche, den Basilikumblättchen und etwas Salz und Pfeffer im Mixtopf **15 Sek./Stufe 9** pürieren, dann **2 Min./100 °C/Stufe 1** erwärmen.

● Das Hähnchen mit dem Gemüse und Blumenkohlreis auf einer Platte oder auf Tellern anrichten. Die Basilikumsauce darübergeben und servieren.

Kohlenhydrate: 10 g pro Portion

4 Port. | 35 Min. + 30 Min. Marinierzeit | 26 Min.

Asia-Hähnchen mit Sesamgemüse

35 g Sojasauce, 3 EL Reissirup, 1 EL scharfes Paprikapulver, ¼ TL Chilipulver, 700 g Hähnchenbrustfilet, 1 kleine Zwiebel, 1 Knoblauchzehe, 1 Stück Ingwer (4 cm), 2 EL Rapsöl, 750 g Möhren, 2 Frühlingszwiebeln, 3 EL schwarzer Sesam, Salz, 500 g Wasser

- Die Sojasauce mit Reissirup, Paprika- und Chilipulver im Mixtopf **5 Sek./Stufe 5** verrühren. Die Hähnchenbrustfilets mit der Marinade in eine Schale geben und mindestens 30 Minuten marinieren.
- Den Mixtopf spülen. Die Zwiebel und die Knoblauchzehe abziehen. Den Ingwer schälen, in Stücke schneiden. Alles mit dem Rapsöl im Mixtopf **4 Sek./Stufe 9** fein zerkleinern.
- Die Möhren schälen, putzen und schräg in Scheiben schneiden. Die Frühlingszwiebeln waschen, putzen und ebenfalls schräg in Stücke schneiden. Beides in den Varoma geben. Den Ingwer-Mix und den schwarzen Sesam über das Gemüse geben, alles leicht salzen und vermengen.
- Die Hähnchenbrustfilets auf den Varoma-Einlegeboden geben. Das Wasser in den Mixtopf einwiegen und den Varoma aufsetzen. Alles **26 Min./Varoma/Stufe 1** garen.
- Das Hähnchenbrustfilet in dünne Scheiben schneiden und mit den Sesammöhren auf einer Servierplatte anrichten.

Tipp: Dieses Gericht schmeckt auch kalt prima und eignet sich daher sehr gut für ein Buffet oder wenn Gäste kommen.

Kohlenhydrate: 13 g pro Portion

Schnelles Curry mit Brokkolireis

4 Port. | 30 Min. | 20 Min.

500 g Brokkoli, Salz, 1 Zwiebel, 1 Knoblauchzehe, 250 g Möhren, 1 gelbe und 1 rote Paprikaschote (à ca. 150 g), 20 g Rapsöl, 1 EL gelbe Currypaste, 500 g Putenbrustfilet, 1 Dose Kokosmilch (400 ml), Sojasauce

- Den Brokkoli waschen. Die Röschen abtrennen und im Mixtopf mithilfe des Spatels **6–7 Sek./Stufe 5** zu reiskorngroßen Stückchen zerkleinern. Diese in den Varoma umfüllen und mit etwas Salz würzen.
- Die Zwiebel und die Knoblauchzehe abziehen und im Mixtopf **3 Sek./Stufe 5** zerkleinern. Die Möhren schälen, putzen und in Scheiben schneiden. Die Paprika waschen, putzen und in Streifen schneiden.
- Das Gemüse mit Öl und Currypaste in den Mixtopf geben und **2 Min. 30 Sek./120 °C/Linkslauf Stufe 1** andünsten.
- Das Putenbrustfilet würfeln und mit der Kokosmilch in den Mixtopf geben.
- Den Varoma aufsetzen und alles **20 Min./Varoma/Stufe 1** garen. Das Curry mit Sojasauce abschmecken und mit Brokkolireis servieren.

Kohlenhydrate: 15 g pro Portion

4 Port. | 35 Min. | 26 Min.

Hähnchenfilet mit Kräuter-Pesto

1 Bund Basilikum, 30 g Olivenöl, Salz, Pfeffer, 4 Hähnchenbrustfilets (à ca. 150 g), 1 Dose gemischte Bohnenkerne (z. B. weiße Bohnen mit Borlotti-Bohnen, Abtropfgewicht 265 g), 350 g grüne Bohnen (TK), 400 g Wasser, 1 EL Butter

- Das Basilikum waschen, trocken tupfen und die Blättchen abzupfen. Die Kräuter mit Öl und etwas Salz und Pfeffer im Mixtopf **8 Sek./Stufe 8** zerkleinern, mit dem Spatel nach unten schieben. Noch einmal **5 Sek./Stufe 8** zerkleinern, umfüllen.
- Die Hähnchenbrustfilets in 3–4 cm dicke Scheiben schneiden, in den Varoma-Einlegeboden legen. Die Bohnenkerne in ein Sieb geben und abspülen, mit den tiefgekühlten grünen Bohnen in den Varoma geben.
- Das Wasser in den Mixtopf geben, den Varoma mit Einlegeboden aufsetzen und alles **26 Min./Varoma/Stufe 1** garen. Die Butter über die Bohnen geben und schmelzen lassen. Die Hähnchenbrustfilets mit der Basilikumsauce bestreichen und mit den Bohnen anrichten.

Kohlenhydrate: 13 g pro Portion

Rahmsauerkraut mit Kasseler

4 Port. | 35 Min. | 26 Min.

1 mittelgroße Zwiebel, 1 EL Öl, 1 große Dose Sauerkraut (Abtropfgewicht 770 g), 220 g Kochsahne, Pfeffer, 500 g Kasseler (vorgegart, vakuumverpackt)

- Die Zwiebel abziehen, halbieren und im Mixtopf **3 Sek./Stufe 5** zerkleinern. Die Zwiebelstücke mit dem Spatel nach unten schieben. Das Öl dazugeben und die Zwiebel **2 Min. 30 Sek./120 °C/Stufe 1** andünsten.
- Das Sauerkraut, die Kochsahne und etwas Pfeffer dazugeben. Das Kasseler in Scheiben schneiden und fächerartig im Varoma verteilen.
- Den Varoma aufsetzen und alles **26 Min./Varoma/Linkslauf Stufe 1** garen. Das Rahmsauerkraut mit dem Kasseler servieren.

Tipp: Vorgegarten Kasseler Braten bekommen Sie in Supermärkten oder beim Discounter.

Kohlenhydrate: 9 g pro Portion

4 Port. | 40 Min. | 18 min.

Mediterrane Putenrouladen

1 kleiner Blumenkohl (ca. 350 g), 500 g Wasser, 1 TL Gemüsebrühepulver, 4 dünne Putenrouladen (à ca. 150 g), Salz, Pfeffer, scharfes Paprikapulver, 4 EL Tomatenpesto, 2 rote Paprikaschoten (à ca. 150 g), 200 g Champignons, 1 kleine Zucchini (ca. 100 g), 200 g Crème fraîche, 1 TL Oreganoblättchen (frisch oder getrocknet)

- Den Blumenkohl waschen und in Röschen zerteilen. Die Röschen im Mixtopf mithilfe des Spatels **5–7 Sek./Stufe 5** zu reiskorngroßen Stücken zerkleinern, in den Gareinsatz umfüllen. Dabei darauf achten, dass noch einige Schlitze zum Austreten von Dampf frei bleiben. Den Mixtopf ausspülen.
- Das Wasser mit Gemüsebrühepulver in den Mixtopf geben. Die Putenrouladen mit Salz, Pfeffer und Paprikapulver würzen und mit je 1 Esslöffel Pesto bestreichen, aufrollen. Die Rouladen in den Varoma legen. Den Gareinsatz einhängen, den Varoma aufsetzen und alles **10 Min./Varoma/Stufe 1** garen.
- In der Zwischenzeit die Paprikaschoten waschen, putzen und in Streifen schneiden. Die Pilze putzen und je nach Größe vierteln oder halbieren. Die Zucchini waschen, putzen und in Scheiben schneiden. Das Gemüse auf dem Varoma-Einlegeboden verteilen. Den Einlegeboden einsetzen und alles weitere **18 Min./Varoma/Stufe 1** garen.

- Den Varoma und den Gareinsatz kurz beiseitestellen. Die Garflüssigkeit auffangen. Die Crème fraîche mit 100 g Garflüssigkeit, Oregano und etwas Salz und Pfeffer im Mixtopf **20 Sek./Stufe 4** verrühren. Die Sauce **2 Min./100 °C/Stufe 1** erhitzen und zu Putenrouladen, Blumenkohlreis und Gemüse servieren.

Tipp: Genießen Sie diesen Thermomix-Klassiker auf die leichte Art: ganz ohne Mehl in der Sauce oder kohlenhydratreiche Reisbeilage!

Kohlenhydrate: 9 g pro Portion

4 Port. | 40 Min. | 22 Min.

Entenbrust auf Kürbiskraut

1 Knollensellerie, 1 Zwiebel, 200 g Kürbisfruchtfleisch (z. B. Butternusskürbis), 20 g Rapsöl, 1 kleine Dose Sauerkraut (425 ml), 220 g Gemüsebrühe, 2 Entenbrustfilets (je 400 g), Salz, Pfeffer, Muskat, 50 g Sahne

● Die Sellerieknolle schälen, putzen und in Stücke schneiden. Das Gemüse im Mixtopf **3 Sek./Stufe 5** zerkleinern und in den Varoma umfüllen. Die Zwiebel abziehen und halbieren. Das Kürbisfruchtfleisch in Stücke schneiden.

● Zwiebel und Kürbis im Mixtopf **3 Sek./Stufe 5** zerkleinern. Den Zwiebel-Kürbis-Mix mit dem Spatel nach unten schieben. Das Öl dazugeben und das Gemüse **3 Min./120 °C/Stufe 1** andünsten.

● Das Sauerkraut und die Gemüsebrühe zum Kürbis in den Mixtopf geben. Den Varoma mit dem Sellerie aufsetzen und alles **8 Min./Varoma/Linkslauf Stufe 1** garen.

● In der Zwischenzeit die Haut der Entenbrustfilets mit einem Messer 5- bis 6-mal der Länge nach einritzen, die Filets auf den Varoma-Einlegeboden legen. Den Einlegeboden einsetzen und alles **22 Min./Varoma/Linkslauf Stufe 1** garen.

● Den Varoma absetzen. Die Entenbrustfilets in einer Pfanne ohne Fettzugabe auf der Hautseite etwa 5 Minuten braun braten, mit Salz und Pfeffer würzen. Das Kürbiskraut in eine Servierschale geben. Den Sellerie mit etwas Salz, Pfeffer, Muskat und Sahne im Mixtopf **25 Sek./Stufe 6** pürieren.

● Die Entenbrustfilets schräg in Scheiben schneiden und mit Kürbiskraut und Selleriestampf servieren.

Kohlenhydrate: 13 g pro Portion

Noch weniger Carbs – noch schneller abnehmen?

SATT WERDEN FAST GANZ OHNE KOHLENHYDRATE? DIE VORTEILE UND RISIKEN DER »KETO-DIÄT«.

Bei der ketogenen Diät werden Kohlenhydrate fast vollständig weggelassen. Ursprünglich wurde diese Form der Ernährung von Medizinern als Therapiekonzept für Krebspatienten entwickelt. Fallen Kohlenhydrate weg, bildet die Leber als Zuckerersatz aus gespeicherten Fetten die sogenannten Ketone, die unsere Zellen dann mit Energie versorgen. Auch während des Fastens stellt sich der Stoffwechsel auf die Bildung von Ketonen um. Die Folge: Der Körper baut Fett ab, die Kilos purzeln.

Keine Kohlenhydrate, kein Heißhunger Bei der ketogenen Diät sinkt automatisch der Insulinspiegel, Blutzuckerschwankungen bleiben aus. Dadurch schwinden auch Hungergefühle. Für strenge Anhänger der Keto-Diät dürfen es nur maximal 20 g Kohlenhydrate am Tag sein. Wer es lockerer sieht, setzt seine Grenze einige Gramm höher. Die Menge hängt auch davon ab, wann der eigene Stoffwechsel auf die Ketose, also die Bildung von Ketonen, umschaltet. Bei vielen beginnt die Stoffwechselumstellung bei etwa 20 g Kohlenhydraten am Tag. Um die optimale Menge zu finden, gibt es in der Apotheke Messstreifen für den Urin oder Blutmessgeräte, die noch genauere Werte liefern.

Der ketogene Speiseplan Schon ein Apfel liefert rund 15 g Kohlenhydrate, ein Kohlrabi etwa 8 g davon. 20 g Kohlenhydrate am Tag sind nicht viel – daher landet bei der Keto-Diät vor allem Eiweißreiches wie Joghurt, Quark, pflanzliche Milch, Eier, Fisch und Fleisch auf dem Teller. Sogar Kuhmilch sollte wegen ihres Milchzuckergehalts möglichst vermieden werden. Auch Öle, Nüsse, Samen und Pilze sind Keto-Grundnahrungsmittel. Unter den Gemüsesorten kommen nur sehr stärkearme Sorten in Betracht, also z. B. Gurken, Chicorée, Spinat, Brokkoli, Blumenkohl, Grünkohl und Salate. Unter den Früchten sind es vor allem Beeren und Rhabarber, die das Kohlenhydratkonto kaum belasten. Eiweiße und Fette sättigen gut, aber um aus der eingeschränkten Auswahl Leckeres zu zaubern, muss man in der Küche kreativ werden.

Mögliche Folgen Das Gewicht sinkt, aber der Körper kann vor allem in den ersten Wochen der Stoffwechselumstellung auf die fehlenden Kohlenhydrate reagieren:

- Verringerte Leistungsfähigkeit, Konzentrationsschwäche
- Mundgeruch
- Verstopfung, Magen- und Darmbeschwerden, da Ballaststoffe fehlen
- Jo-Jo-Effekt

Zwar kann man schnelle Erfolge erzielen, doch haben viele bald wieder ihr Ursprungsgewicht. Die Umstellung fällt einfach zu schwer. Nach einiger Zeit schalten alle Signale wieder auf »Kohlenhydrate essen«! Der ketogene Stoffwechsel bleibt für unseren Körper eine Notlösung, programmiert aus früheren Zeiten, in denen Kohlenhydratreiches oft knapp war. Unser Stoffwechsel scheint von Natur aus zumindest auf einen gewissen Anteil an Kohlenhydraten angewiesen zu sein.

Brauchen wir Kohlenhydrate?

Richtig ist: Unser Gehirn (und auch die roten Blutkörperchen) sind auf Kohlenhydrate (Glukose) angewiesen. Falsch ist, dass man diese Kohlenhydrate von außen zuführen, also essen muss. Der Körper kann die lebensnotwendige Menge an Glukose in Not- oder Fastenzeiten aus Eiweißen selbst herstellen.

5 %

DER KALORIEN WERDEN BEI DER KETO-DIÄT ÜBER KOHLENHYDRATE ZUGEFÜHRT. BEI EINER AUSGEWOGENEN LOW-CARB-ERNÄHRUNG SIND ES ETWA 20 PROZENT DER ENERGIEMENGE. DER DURCHSCHNITTSBÜRGER NIMMT ETWA 45–50 PROZENT DER KALORIENMENGE ÜBER KOHLENHYDRATE ZU SICH.

Schlanker mit Milch

Strenge Keto-Anhänger streichen sogar Milch vom Speiseplan, da ihnen der natürliche Milchzuckergehalt (Laktose) von 4,7 g/100 ml zu hoch ist. Studien zeigen jedoch immer wieder, dass Milchtrinken das Abnehmen fördert. Der Grund: Milch stabilisiert den Blutzucker. Da gleichzeitig viel Eiweiß enthalten ist, steigen Blutzucker und Insulin nach dem Milchgenuss kaum. Außerdem sättigt Milch gut und langanhaltend und das beugt Heißhunger vor.

ACHTUNG, WERBETRICKS

Preisen Hersteller ihre Lebensmittel mit Zero, No oder Low Carb an, in jedem Fall genau das Etikett studieren. Diese Produkte sind alles andere als natürlich, oft überteuert und häufig sind viele künstliche Zusätze oder Süßstoffe enthalten.

Paleo = Keto?

HÄUFIG WERDEN DIESE BEGRIFFE DURCHEINANDERGEBRACHT. BEI DER PALEO-ERNÄHRUNG LIEGT DER FOKUS AUF DEN LEBENSMITTELN, DIE VON DER EVOLUTION HER GUT ZU UNSEREM STOFFWECHSEL PASSEN. AUF DEN TELLER KOMMT MÖGLICHST DAS, WAS SCHON DIE STEINZEITMENSCHEN FINDEN KONNTEN. UND DAS IST ZWAR TENDENZIELL EBENFALLS ARM AN CARBS, ABER NICHT DURCHWEG.

Zitronenhuhn mit Möhren-Quinoa

4 Port. | 30 Min. | 22 Min.

1 unbehandelte Zitrone, 150 g griechischer Joghurt, 1 Knoblauchzehe, Salz, 400 g Hähnchenfilet, 1000 g Wasser, 125 g Quinoa, 500 g Möhren

- Die Zitrone waschen und etwas Schale abreiben. Den Zitronenabrieb mit dem Joghurt verrühren. Die Zitrone schälen, die Knoblauchzehe abziehen. Beides mit ¼ TL Salz im Mixtopf **5 Sek./Stufe 7** zerkleinern.
- Das Hähnchenfilet in Würfel schneiden, in eine Schale geben und mit der Zitronen-Knoblauch-Marinade vermengen.
- Das Wasser mit 1 Teelöffel Salz in den Mixtopf geben. Den Gareinsatz einhängen, den Quinoa einwiegen. Die Möhren schälen und in Scheiben schneiden, im Varoma verteilen. Das Hähnchenfilet auf den Varoma-Einlegeboden geben. Alles **22 Min./Varoma/Stufe 1** garen.
- Das Hähnchenfilet mit Möhren und Quinoa anrichten und mit Zitronenjoghurt servieren.

Kohlenhydrate: 27 g pro Portion

4 Port. | 40 Min. | 25 Min.

Fischspieße mit Topinambur

1 mittelgroße Zwiebel, 1 rote Paprika (ca. 150 g), 20 g Olivenöl, 1 Zucchini (ca. 200 g), 400 g Lachsfilet, Salz, Pfeffer, 1 kg Topinambur, 1 Dose stückige Tomaten (400 g), 50 ml Wasser, 1 TL getrockneter Oregano, 1 TL Birkenzucker

- Die Zwiebel abziehen und halbieren. Die Paprika waschen, putzen und in grobe Stücke schneiden. Beides im Mixtopf **3 Sek./Stufe 5** zerkleinern. Das Öl dazugeben und das Gemüse **2 Min. 30 Sek./120 °C/ Stufe 1** andünsten.
- Die Zucchini waschen, putzen und in ca. 1 cm dicke Scheiben schneiden. Den Lachs in Würfel schneiden (ca. 4 × 4 cm). Die Lachswürfel und die Zucchinischeiben abwechselnd auf Spieße stecken. Die Spieße mit Salz und Pfeffer würzen und auf den Varoma-Einlegeboden legen.
- Den Topinambur schälen und in Stücke schneiden. Das Gemüse im Varoma verteilen. Die Tomaten mit Wasser, Oregano, Birkenzucker sowie etwas Salz und Pfeffer in den Mixtopf geben. Den Varoma mit Einlegeboden aufsetzen und alles **25 Min./Varoma/Stufe 1** garen. Die Fischspieße mit Topinambur und Tomaten-Paprika-Sauce servieren.

Kohlenhydrate: 14 g pro Portion

▸ *Fischspieße mit Topinambur*

4 Port. | 35 Min. | 22 Min.

Kohlrabirahm mit Fisch und Spinat

3 EL dreifarbiger Pfeffer, ½ TL Salz, 4 Fischfilets (à ca. 150 g, z. B. Seelachs oder Kabeljau), 3 Kohlrabi (ca. 900 g), 500 g Wasser, 500 g TK-Blattspinat (aufgetaut), 150 ml Sahne, Muskat

- Den Pfeffer mit dem Salz im Mixtopf **15 Sek./Stufe 7** zerkleinern. In einen tiefen Teller geben. Die Oberseite der Fischfilets darauflegen und den Pfeffer-Salz-Mix leicht andrücken. Die Filets auf dem Varoma-Einlegeboden verteilen.
- Die Kohlrabiknollen schälen, in 2 cm große Würfel schneiden und in den Varoma geben. Das Wasser einwiegen, den Varoma mit Einlegeboden aufsetzen und alles **16 Min./Varoma/Stufe 1** garen.
- Den Spinat gut ausdrücken und in den Gareinsatz geben. Dabei darauf achten, dass noch einige Schlitze frei bleiben, damit Dampf aufsteigen kann. Den Varoma kurz beiseitestellen, den Gareinsatz einhängen und alles weitere **10 Min./Varoma/Stufe 1** garen.
- Den Varoma beiseitestellen. Den Gareinsatz herausnehmen, die Garflüssigkeit wegschütten.

- Die Sahne in den Mixtopf geben und **2 Min. 30 Sek. /100 °C/Stufe 1** erwärmen. 120 g des gekochten Kohlrabi, etwas Salz und Muskat dazugeben und **20 Sek./Stufe 8** zu einer cremigen Sauce pürieren.
- Den Kohlrabi in eine Schüssel geben und mit der Rahmsauce vermengen. Das Gemüse mit dem Fischfilet und dem Blattspinat anrichten.

Variante: Zur Winterzeit lässt sich der Kohlrabi prima durch Steckrüben (ca. 1 kg) ersetzen.

Tipp: Auch beim Binden von Saucen lassen sich einige Kohlenhydrate einsparen. Hier sorgt etwas püriertes Gemüse für eine cremige Konsistenz.

Kohlenhydrate: 13 g pro Portion

Kräuterlachs auf weißen Bohnen

4 Port. | 30 Min. | 20 Min.

4 Lachsfilets, 1 EL Zitronensaft, Salz, 2 EL TK-Dill, 2 EL TK-Petersilie, 500 g Wasser, 2 kleine Dosen weiße Bohnen (je 240 g Abtropfgewicht), 6 getrocknete Tomaten (am besten Soft-Tomaten ohne Öl), 40 g Butter, 50 g Vollmilch, ¼ TL Salz, 1 EL Crème fraîche

- Den Lachs in den Varoma legen. Mit Zitronensaft beträufeln und mit etwas Salz, Dill und Petersilie bestreuen, die Kräuter etwas andrücken. Das Wasser in den Mixtopf einwiegen und den Varoma mit Einlegeboden aufsetzen.
- Die Bohnen abgießen und auf dem Varoma-Einlegeboden verteilen. Alles **20 Min./Varoma/Stufe 1** garen.
- Den Varoma beiseitestellen, die Garflüssigkeit wegschütten. Die getrockneten Tomaten im Mixtopf **5 Sek./Stufe 8** zerkleinern, umfüllen. Butter, Milch und Salz mit den Bohnen im Mixtopf **10–18 Sek./Stufe 7** pürieren.
- Die Crème fraîche und die getrockneten Tomaten **8 Sek./Linkslauf Stufe 4** unterrühren. Das Bohnenpüree mit den Lachsfilets anrichten und servieren.

Tipp: Uns schmeckt das Bohnenpüree am besten, wenn es noch einige Stückchen enthält und dadurch etwas »Biss« hat. Daher die Bohnen am besten schrittweise bis zur gewünschten Cremigkeit pürieren.

Kohlenhydrate: 14 g pro Portion

4 Port. | 30 Min. | 20 Min.

Seelachs mit Curry-Senf-Sauce

200 g Joghurt (3,5 % Fett), 2 EL mittelscharfer Senf, 1 EL Currypulver, 4 Stangen Staudensellerie, 4 Möhren (ca. 400 g), 1 kg Topinambur, Salz, 400 g Wasser, 4 Seelachsfilets (à 150–200 g), Pfeffer

- Den Joghurt mit Senf und Currypulver im Mixtopf **10 Sek./Stufe 3** verrühren. Die Curry-Senf-Sauce umfüllen und den Mixtopf spülen.
- Den Staudensellerie waschen, putzen, in Stücke schneiden. Die Möhren schälen, putzen und in dünne Scheiben schneiden. Den Topinambur schälen und in Stücke schneiden. Das Gemüse im Varoma verteilen, salzen.
- Das Wasser in den Mixtopf geben. Den Varoma aufsetzen. Den Einlegeboden einsetzen und die Seelachsfilets darauflegen. Mit etwas Salz und Pfeffer würzen.
- Alles **20 Min./Varoma/Stufe 1** garen. Die Seelachsfilets mit dem Gemüse und der Curry-Senf-Sauce servieren.

Variante: Topinambur lässt sich sehr gut durch gewürfelten Kohlrabi oder Knollensellerie ersetzen.

Kohlenhydrate: 12 g pro Portion

4 Port. | 35 Min. | 25 Min.

Rucolagemüse mit Lachs

750 g Möhren, 350 g Zucchini, 4 Lachsfilets, Salz, Pfeffer, 400 g Wasser, 1 TL Gemüsebrühepulver, 1 EL Mehl Type 1050, 100 g Crème fraîche oder Schmand, 100 g Rucola

- Die Möhren schälen und putzen. Je nach Größe halbieren oder dicke Möhren vierteln und schräg in ca. 4 cm lange Stücke schneiden. Die Zucchini ebenfalls halbieren oder vierteln und schräg in Stücke schneiden. Das Gemüse im Varoma verteilen.
- Die Lachsfilets leicht salzen und pfeffern und auf dem Varoma-Einlegeboden verteilen. Das Wasser in den Mixtopf geben und den Varoma mit Einlegeboden aufsetzen. Alles **25 Min./Varoma/Stufe 1** garen.
- Den Varoma beiseitestellen. Die Garflüssigkeit auffangen. 130 g der Garflüssigkeit mit Gemüsebrühepulver, Mehl und Crème fraîche im Mixtopf **2 Min. 30 Sek./100 °C/Stufe 2** aufkochen.
- In der Zwischenzeit den Rucola waschen, trocken tupfen und die harten Stiele abschneiden. Das Gemüse in eine Servierschale geben. Die Sauce darübergeben und alles gut vermengen.
- Den Rucola über dem Gemüse verteilen und nur ganz kurz untermischen, damit er nicht zusammenfällt. Das Rucolagemüse mit Lachs anrichten und servieren.

Kohlenhydrate: 12 g pro Portion

◂ *Rucolagemüse mit Lachs*

Rotbarsch mit Pinienkern-Kruste

4 Port. | 35 Min. | 25 Min.

4 Stiele Petersilie, 40 g Pinienkerne, 40 g Mandeln, Salz, Pfeffer, 1 EL Butter, 4 Rotbarschfilets (à ca. 200 g), 600 g TK-Erbsen, 500 g Wasser, 3 EL Sahne

- Die Petersilie waschen, trocken tupfen und die Blättchen abzupfen. Die Kräuter mit den Pinienkernen, den Mandeln, etwas Salz und Pfeffer sowie Butter im Mixtopf **8 Sek./Stufe 5** zerkleinern. Die Kräuterbutter auf die Fischfilets geben und etwas andrücken. Die Fischfilets auf dem Varoma-Einlegeboden verteilen.
- Die Erbsen in den Varoma geben. Das Wasser in den Mixtopf füllen. Den Varoma mit Einlegeboden aufsetzen und alles **15 Min./Varoma/Stufe 1** garen. Die Erbsen einmal gut mit einem Löffel durchrühren, damit sie gleichmäßig garen, und alles zusammen weitere **10 Min./Varoma/Stufe 1** garen.
- Die Garflüssigkeit wegschütten. Die Erbsen mit etwas Salz und der Sahne in den Mixtopf geben und **20 Sek./Stufe 8** pürieren.
- Das Erbsenpüree mit den Rotbarschfilets servieren.

Variante: Die Kruste schmeckt auch mit Pistazien anstelle von Pinienkernen sehr fein.

Tipp: Wenn Sie noch mehr Kohlenhydrate einsparen möchten, können Sie die Hälfte der Erbsen auch durch Brokkoliröschen ersetzen. Pro Portion liefert dieses Gericht dann 13 g KH.

Kohlenhydrate: 20 g pro Portion

Vegetarische Hauptgerichte

Gemüseplatte mit Sesam-Petersilien-Sauce

25 Min.

4 Port.

35 Min.

Für die Sauce: 1 Bund glatte Petersilie, 1 Knoblauchzehe, 50 g Tahin, 2 EL Zitronensaft, 80 g Wasser, 120 g Rapsöl, ½ TL Salz, Pfeffer
Für die Gemüseplatte: 1000 g Wasser, 150 g Quinoa, 750 g gemischtes Gemüse (z. B. Möhren, Paprika, Zucchini, Fenchel, Kohlrabi, Brokkoli, Blumenkohl, Topinambur)

- Für die Sesam-Petersilien-Sauce die Petersilie waschen und trocken tupfen. Die harten unteren Stiele wegschneiden. Das Bund zusammenlassen und mit einem Messer in 3–4 Teile schneiden. Die Knoblauchzehe abziehen.
- Die Petersilie mit Knoblauch, Tahin, Zitronensaft, Wasser, Öl, Salz und etwas Pfeffer im Mixtopf **1 Min./Stufe 9** pürieren, umfüllen.
- Für die Gemüseplatte das Wasser in den Mixtopf geben, den Gareinsatz einhängen und den Quinoa einwiegen. Das Gemüse waschen bzw. schälen, putzen und in mundgerechte Stücke schneiden. Alles **25 Min./Varoma/Stufe 1** garen.
- Das Gemüse zusammen mit dem Quinoa und der Sesam-Petersilien-Sauce servieren.

Tipp: Übrig gebliebene Sauce bleibt im Kühlschrank etwa 5 Tage frisch und schmeckt auch hervorragend als Salatdressing.

Kohlenhydrate: 30 g pro Portion

4 Port. | *35 Min. + 15 Min. Backzeit* | *43 Min.*

Gemüseauflauf mit Käse-Nuss-Haube

100 g Möhren, 60 g Haselnüsse, 175 g Emmentaler, 300 g Brokkoli, 1 Blumenkohl (ca. 700 g), 1 Kohlrabi (ca. 300 g), 500 g Wasser, 45 g Butter, 45 g Vollkornmehl oder Mehl Type 1050, 375 g Vollmilch, 1 TL Salz, 1 Prise Muskat

- Die Möhren schälen, putzen und grob zerteilen. Die Möhrenstücke mit den Haselnüssen in den Mixtopf geben und **3 Sek./Stufe 7** raspeln, umfüllen. Den Emmentaler in Stücke schneiden und **8 Sek./Stufe 5** zerkleinern, zum Möhren-Nuss-Mix geben.
- Den Brokkoli und den Blumenkohl waschen, die Röschen vom Strunk schneiden, den Strunk schälen und würfeln. Das Gemüse im Varoma und auf dem Einlegeboden verteilen. Kohlrabi schälen, würfeln und in den Gareinsatz geben.
- Das Wasser in den Mixtopf einwiegen. Den Gareinsatz einhängen, den Varoma aufsetzen und alles **20 Min./Varoma/Stufe 1** garen.
- Die Garflüssigkeit wegschütten und das Gemüse in einer ofenfesten Form verteilen. Den Backofen auf 180 °C vorheizen.
- Für die Béchamelsauce die Butter mit Mehl und Milch in den Mixtopf geben, mit Salz und Muskat würzen und alles **8 Min./100 °C/ Stufe 3** erwärmen.
- Die Sauce über das Gemüse geben. Darüber den Käse-Nuss-Mix verteilen. Den Auflauf etwa 15 Minuten goldbraun überbacken.

Variante: Statt Kohlrabi schmecken auch zarte Mairübchen gut, statt Brokkoli passen Lauch oder Rosenkohl.

Kohlenhydrate: 22 g pro Portion

Veggie-Buletten mit Harissa-Dip

20 Stück | *10 Min. + 25 Min. Backzeit* | *20 Min.*

80 g Mandeln, 80 g Gouda, 500 g Brokkoli, 2 Frühlingszwiebeln, 1 Knoblauchzehe, ½ TL Salz, Pfeffer, Muskat, 1 Ei, 200 g Schmand, 1–2 TL Harissa (scharfe Chilipaste)

- Den Ofen auf 180 °C Umluft vorheizen. Die Mandeln im Mixtopf **10 Sek./Stufe 10** mahlen, umfüllen. Den Gouda in grobe Stücke schneiden und im Mixtopf **7 Sek./Stufe 6** raspeln, umfüllen.
- Den Brokkoli waschen, die Röschen von Strunk schneiden. 400 g Brokkoliröschen in den Mixtopf einwiegen. Die Frühlingszwiebeln waschen und putzen, in Stücke schneiden. Die Knoblauchzehe abziehen. Beides mit in den Mixtopf geben und alles **4 Sek./Stufe 5** zerkleinern.
- Das Salz, etwas Pfeffer und Muskat, das Ei sowie die Mandeln und den Käse dazugeben und alles **15 Sek./Stufe 4** verrühren.
- Ein Blech mit Backpapier belegen. Aus der Brokkolimasse etwa 20 Frikadellen formen und im Ofen 25 Minuten backen.
- Den Mixtopf spülen. Den Schmand mit Harissa im Mixtopf **2 Sek./ Stufe 6** verrühren und als Dip zu den Brokkoli-Buletten servieren.

Kohlenhydrate: 5 g pro Portion

▸ *Gemüseauflauf mit Käse-Nuss-Haube*

2 runde Pizzen | 20 Min. + 20 Min. Backzeit | 17 Min.

Low-Carb-Pizzaboden

400 g Blumenkohlröschen, Salz, 150 g Gouda, 2 Eier, Belag nach Belieben

- Den Backofen auf 200 °C vorheizen. Die Blumenkohlröschen im Mixtopf **4–5 Sek./Stufe 5** fein hacken. Ein Blech mit Backpapier belegen. Die Blumenkohlbrösel darauf verteilen, etwas salzen und im Ofen 12 Minuten garen.
- Den Blumenkohl herausnehmen (Ofen anlassen), 2–3 Minuten abkühlen lassen.
- In der Zwischenzeit den Goudakäse im Mixtopf **10 Sek./Stufe 6** raspeln. Die Eier dazugeben und **6 Sek./Stufe 4** unterrühren. Die Blumenkohlbrösel hinzufügen und alles **10 Sek./Stufe 4** zu einem Teig verrühren.
- Der Teig reicht für zwei runde Pizzaböden oder für ein Blech. Den Teig hierfür mit den Händen möglichst flach zwischen zwei Lagen Backpapier in die gewünschte Form drücken.
- Den Teig im Ofen 10 Minuten backen, bis der Käse zerlaufen ist und der Boden fest zusammenhält. Nun den Pizzaboden nach Herzenslust belegen und im Ofen in 7–10 Minuten fertig backen.

Kohlenhydrate: 5 g pro Pizza

◂ *Pizza Margherita mit Mandelboden*

Pizza Margherita mit Mandelboden

1 Blech für 4 Port. | 20 Min. + 24 Min. Backzeit | 10 Min.

100 g Buchweizen, 200 g Mandeln, 3 Eier, 4 EL Olivenöl, Salz, 200 g Mozzarella, 1 Zwiebel, 1 Knoblauchzehe, 300 g passierte Tomaten, 1 EL Tomatenmark, ½ TL getrockneter Oregano, Pfeffer

- Den Backofen auf 170 °C Umluft vorheizen. Den Buchweizen im Mixtopf **1 Min./Stufe 10** mahlen. Die Mandeln dazugeben und beides weitere **10 Sek./Stufe 10** mahlen. Die Eier, 3 EL Olivenöl und 1 TL Salz dazugeben und alles **1 Min./Knetstufe** verrühren.
- Den Teig zwischen zwei Lagen Backpapier auf einem Blech ausrollen. Im Ofen 14 Minuten vorbacken.
- Den Mixtopf spülen. Den Mozzarella halbieren und im Mixtopf **3 Sek./Stufe 5** zerkleinern. In ein Sieb geben und abtropfen lassen.
- Die Zwiebel und die Knoblauchzehe abziehen und im Mixtopf **3 Sek./Stufe 5** zerkleinern. Die Zwiebel- und Knoblauchstückchen mit dem Spatel nach unten schieben. 1 EL Öl dazugeben und **2 Min. 30 Sek./120 °C/Stufe 1** andünsten. Die Tomaten, das Tomatenmark, den Oregano sowie etwas Salz und Pfeffer dazugeben und die Sauce **10 Min./100 °C/Stufe 1** einkochen lassen.
- Das Blech aus dem Ofen nehmen und den Pizzaboden mit der Tomatensauce bestreichen. Den Mozzarella darüber verteilen und die Pizza im Ofen 10 Minuten fertig backen.

Variante: Belegen Sie die Pizza ganz nach Belieben mit Gemüse, Schinken oder Salami.

Kohlenhydrate: 23 g pro Portion

ca. 24 Stück | 25 Min.

Steckrüben-Rösti

1 Steckrübe (ca. 400 g), 1 Zwiebel, 3 Eier (M), 60 g Vollkornmehl, ½ TL Salz, Pfeffer, Muskat, Rapsöl zum Braten

- Die Steckrübe putzen und in Stücke schneiden. Die Zwiebel abziehen und halbieren. Beides im Mixtopf **6–7 Sek./Stufe 5** fein zerkleinern.
- Die Eier, das Vollkornmehl, Salz sowie etwas Pfeffer und Muskat dazugeben und alles **15 Sek./Linkslauf Stufe 4** verrühren.
- Das Rapsöl in einer Pfanne erhitzen. Den Teig esslöffelweise hineingeben und etwa 24 kleine Puffer ausbacken.
- Die Rösti auf Küchenpapier abtropfen lassen und servieren. Die Steckrüben-Rösti schmecken prima als Beilage oder als kleine Hauptmahlzeit mit etwas Joghurtdip.

Kohlenhydrate: 3 g pro Stück

Ofen-Wedges mit Petersilienschmand

10 Min. + 25 Min. Backzeit | 4 Port. | 25 Min.

1 Steckrübe (ca. 800 g), 1 Knollensellerie (ca. 800 g), 2 große Möhren, 1 EL Rapsöl, Salz, ½ Bund Petersilie, 300 g Schmand, Pfeffer

- Den Ofen auf 200 °C vorheizen. Das Gemüse schälen, putzen und in Spalten schneiden. Ein Blech mit Backpapier belegen. Die Gemüsespalten darauf verteilen. Das Öl darübergeben, das Gemüse salzen. Im Ofen je nach Dicke der Spalten 25–30 Minuten backen.
- Die Petersilie waschen, trocken tupfen und die Blättchen abzupfen. Die Kräuter im Mixtopf **6 Sek./Stufe 8** zerkleinern. Den Schmand und etwas Salz und Pfeffer dazugeben und alles **4 Sek./Stufe 6** verrühren.
- Den Petersilien-Schmand mit den Gemüse-Wedges servieren.

Kohlenhydrate: 17 g pro Portion

Hüttenkäse-Falafel

10 Min. + 25 Min. Backzeit | 20 Stück | 25 Min.

je 3 Zweige Basilikum und glatte Petersilie, 75 g getrocknete Kichererbsen, 80 g Kirschtomaten, 200 g Hüttenkäse, Salz, Pfeffer

- Den Backofen auf 200 °C vorheizen. Die Kräuter waschen, trocken tupfen und die Blättchen von den Stielen zupfen. Im Mixtopf **5 Sek./Stufe 8** zerkleinern, umfüllen.
- Die Kichererbsen **1 Min./Stufe 10** mahlen. Die Kirschtomaten waschen und würfeln. Mit Hüttenkäse, etwas Salz und Pfeffer sowie den Kräutern in den Mixtopf geben und **20 Sek./Linkslauf Stufe 4** verrühren.
- Ein Blech mit Backpapier belegen. Mit einem Teelöffel walnussgroße Mengen abstechen, zu Kugeln formen und auf das Blech geben. Die Falafelbällchen im Ofen 25 Minuten backen. Dazu passt gut ein grüner Salat.

Kohlenhydrate: 2 g pro Stück

Sojanudeln mit Gemüse-Bolognese

4 Port. | 30 Min. | 10 Min.

1 Bund Suppengrün, 1 Zwiebel, 1 Knoblauchzehe, 20 g Olivenöl, 2 EL Tomatenmark, 500 g passierte Tomaten, 100 g Gemüsebrühe, Salz, Pfeffer, 1 TL getrockneter Oregano, 320 g Sojanudeln

- Das Suppengrün waschen bzw. schälen, putzen und in Stücke schneiden. Die Zwiebel abziehen und halbieren. Die Knoblauchzehe ebenfalls abziehen. Das Gemüse im Mixtopf **3 Sek./Stufe 5** zerkleinern.
- Das Öl dazugeben und das Gemüse **3 Min./120 °C/Stufe 1** andünsten. Das Tomatenmark, die passierten Tomaten, die Brühe sowie etwas Salz, Pfeffer und Oregano dazugeben und alles **22 Min./100 °C/Linkslauf Stufe 1** köcheln lassen.
- In der Zwischenzeit die Sojanudeln in kochendem Salzwasser nach Packungsanweisung bissfest garen. Die Nudeln abgießen und mit der Gemüse-Bolognese servieren.

Variante: Bereiten Sie jeweils zur Hälfte Vollkornnudeln und Zucchininudeln (Seite 109) zu. Die Zucchininudeln etwa 1 Minute vor Ende der Garzeit zu den Nudeln geben. Der Kohlenhydratgehalt der Speise bleibt in etwa derselbe.

Tipp: Sojanudeln enthalten nur rund halb so viele Kohlenhydrate wie Weizenpasta. Leider sind sie nicht ganz billig. Wenn nur Sie sich in der Familie Low Carb ernähren, kochen Sie diese eventuell nur für sich und für die übrigen Familienmitglieder herkömmliche Pasta.

Kohlenhydrate: 40 g pro Portion

Leinsamen-Pfannkuchen

6 große Pfannkuchen | 20 Min. + 10 Min. Quellzeit | 10 Min.

100 g Mandeln, 60 g Leinsamen (am besten die gelblichen Goldleinsamen), 1 Prise Salz, 4 Eier (M), 200 g Vollmilch, Rapsöl zum Braten

- Die Mandeln im Mixtopf **10 Sek./Stufe 10** mahlen. Die Leinsamen dazugeben und beides weitere **5 Sek./Stufe 9** fein zerkleinern. Alles mit dem Spatel gut durchrühren, damit sich die Mandeln und Leinsamen vom Topfboden lösen.
- Das Salz, die Eier und die Milch dazugeben und alles **20 Sek./Stufe 5** verrühren. 10 Minuten quellen lassen.
- Das Rapsöl in einer Pfanne erhitzen. Etwas Teig hineingeben und den Pfannkuchen etwa 3 Minuten bei mittlerer Hitze backen, bis er schön braun und das Ei gestockt ist. Den Pfannkuchen wenden und nochmals etwa 2–3 Minuten backen.
- Nacheinander alle weiteren Pfannkuchen backen. Nach Belieben z. B. mit Ratatouille (Seite 110), Spinat und etwas Feta oder auf die süße Art mit ungesüßtem Obstmus servieren.

Tipp: Wählen Sie für diese Pfannkuchen am besten die hell-bräunlichen Goldleinsamen. Dann sind die fertigen Pfannkuchen optisch von mit Mehl gebackenen kaum zu unterscheiden.

Kohlenhydrate: 1 g pro Stück

4 Port.		*30 Min. + 47 Min. Backzeit*	*32 Min.*

Zwiebel-Tomaten-Quiche

125 g mittelalter Gouda, 125 g getrocknete Kichererbsen, 125 g Mandeln, 75 g Rapsöl, 125 g Magerquark, ½ TL Salz, 400 g Zwiebeln, 1 Knoblauchzehe, 125 g getrocknete Tomaten (möglichst ohne Öl, ansonsten gut abtropfen lassen), 3 Eier (M), 200 g Crème fraîche, 1 TL Thymian (frisch oder getrocknet), Pfeffer

- Den Backofen auf 180 °C vorheizen. Den Gouda im Mixtopf **8 Sek./Stufe 6** raspeln, umfüllen. Die Kichererbsen im Mixtopf **1 Min./Stufe 10** mahlen. Die Mandeln dazugeben und weitere **15 Sek./Stufe 10** mahlen.
- Das Rapsöl, den Quark und das Salz dazugeben und alles **20 Sek./Stufe 4** zu einem glatten Teig verarbeiten. Eine Springform (26–28 cm) oder eine große Auflaufform mit Backpapier auslegen und den Teig als Boden mit kleinem Rand hineindrücken. Im Ofen 15 Minuten vorbacken.
- In der Zwischenzeit die Zwiebeln abziehen und halbieren. Die Knoblauchzehe ebenfalls abziehen. Beides im Mixtopf **2 Sek./Stufe 5** zerkleinern, umfüllen. Die getrockneten Tomaten im Mixtopf **2–3 Sek./Stufe 5** zerkleinern, umfüllen.

- Für den Guss die Eier mit Crème fraîche und der Hälfte des geraspelten Gouda in den Mixtopf geben. Mit Thymian und etwas Pfeffer würzen und alles **10 Sek./Stufe 4** verrühren.
- Die Zwiebeln und die Tomaten auf dem vorgebackenen Boden verteilen, den Guss darübergießen und den übrigen Gouda darüberstreuen. Die Quiche im Ofen 32–35 Minuten goldbraun backen.

Variante: Die Quiche lässt sich auch prima mit anderen Gemüsesorten zubereiten: Im Sommer schmecken auch Spargel und Paprika gut, im Winter Möhren (bissfest vorgegart) und Lauch.

Kohlenhydrate: 29 g pro Portion

Parmesan-Gnocchi

30 Min. + 10 Min. Quellzeit | 4 Port. | 10 Min.

1 Handvoll gemischte Kräuter (z. B. Petersilie, Basilikum, Thymian und Rosmarin), 80 g Vollkornmehl oder Mehl Type 1050, 60 g getrocknete Kichererbsen, 200 g Parmesan, 500 g Ricotta, 1 Ei, ½ TL Salz, Pfeffer, Butter zum Braten

- Die Kräuter im **Mixtopf 8 Sek./Stufe 8** hacken, umfüllen. Das Mehl mit den Kichererbsen im Mixtopf **1 Min./Stufe 10** mahlen, umfüllen.
- Den Parmesan in Stücke schneiden und im Mixtopf **45 Sek./Stufe 10** mahlen. Alle übrigen Zutaten (bis auf die Butter) dazugeben und mithilfe des Spatels **45 Sek./Stufe 4** zu einem glatten Teig verrühren. Den Teig 10 Minuten quellen lassen.
- Die Butter in einer Pfanne erhitzen. Mit 2 Esslöffeln Nocken abstechen und in der heißen Butter einige Minuten rundherum braun braten.

Tipp: Dazu passt gut ein frischer grüner Salat oder etwas Tomatensauce.

Kohlenhydrate: 19 g pro Portion

◂ *Parmesan-Gnocchi*

Kohlrabi-Curry-Gratin

4 Port. | 35 Min. | 15 Min. + 35 Min. Backzeit

1 Zwiebel, 15 g Rapsöl, 2 TL Currypulver, 4 Kohlrabi (à ca. 350 g), 250 g Kochsahne, Salz, Pfeffer

- Den Ofen auf 200 °C vorheizen. Die Zwiebel abziehen und im Mixtopf **3 Sek./Stufe 5** zerkleinern. Die Zwiebelstückchen mit dem Spatel nach unten schieben. Das Öl und das Currypulver dazugeben und **2 Min. 30 Sek./120 °C/Stufe 1** andünsten.
- Die Kohlrabiknollen schälen, halbieren und mit einem Messer in 1–2 mm dünne Scheiben schneiden. Die Kohlrabischeiben in einer Auflaufform schichten.
- Die Kochsahne mit etwas Salz und Pfeffer in den Mixtopf geben und **2 Sek./Stufe 6** verrühren. Über dem Kohlrabi verteilen und 35–38 Minuten im Ofen goldbraun backen.

Das passt dazu: Ein frischer Salat, Nicht-Vegetarier können dazu ein Stück Fisch oder Fleisch servieren.

Kohlenhydrate: 14 g pro Portion

Zucchini-Mozzarella-Puffer

20 Stück | 10 Min. | 30 Min. + 10 Min. Quellzeit

250 g Zucchini, 100 g Möhre, 1 Zwiebel, 1 Kugel Mozzarella (125 g), 2 Eier (M), 50 g Weizenkleie, ½ TL Salz, Muskat, ¼ TL getrockneter Thymian, etwas Rapsöl zum Braten

- Die Zucchini waschen, putzen und grob zerteilen. Die Möhren schälen, putzen und in dicke Scheiben schneiden. Die Zwiebel abziehen. Das Gemüse mit dem halbierten Mozzarella im Mixtopf **3 Sek./Stufe 5** zerkleinern.
- Die Eier und die Weizenkleie dazugeben, mit Salz, Muskat und Thymian würzen und alles **15 Sek./Linkslauf Stufe 3** verrühren. Den Teig 10 Minuten quellen lassen.
- Das Rapsöl in einer Pfanne erhitzen. Den Teig esslöffelweise hineingeben und etwa 20 kleine Puffer ausbacken.

Kohlenhydrate: 1 g pro Stück

Möhren-Ricotta-Quiche

4 Port. | *15 Min. + 45 Min. Backzeit* | *45 Min.*

700 g Möhren, 1 Zwiebel, 1 Knoblauchzehe, 80 g Parmesan, 500 g Ricotta, 5 Eier (M), ½ TL Paprikapulver (scharf), 1 TL Salz, 100 g Feta

● Den Backofen auf 180 °C Umluft vorheizen. Die Möhren schälen, putzen und grob zerteilen. Die Zwiebel abziehen und halbieren. Die Knoblauchzehe ebenfalls abziehen und beides mit den Möhren im Mixtopf **5–6 Sek./Stufe 5** fein raspeln, umfüllen.
● Den Parmesan in Stücke schneiden und im Mixtopf **10 Sek./Stufe 10** mahlen. Den Ricotta dazugeben und mit den Eiern, Paprikapulver und Salz im Mixtopf **20 Sek./ Stufe 4** verrühren.
● Die Möhrenraspel hinzufügen und alles **10 Sek./Linkslauf Stufe 4** verrühren. Eine große Auflaufform oder eine Springform (ca. 24 × 24 cm) mit Backpapier auslegen und die Möhren-Ricotta-Masse einfüllen. Die Quiche im Ofen 35 Minuten backen.
● Den Feta mit den Händen über die Quiche bröseln. Im Ofen weitere 10 Minuten backen.
● Die Möhren-Ricotta-Quiche in Stücke schneiden und servieren. Die Quiche schmeckt auch kalt sehr gut.

Variante: Alle, die es würzig mögen, geben im 3. Schritt noch einige gehackte Oliven dazu. Nichtvegetarier rühren noch 150 g gewürfelten Schinken unter.

Kohlenhydrate: 10 g pro Portion

4 Port. | *35 Min.* | *23 Min.*

Brokkoli-Risotto

80 g Parmesan, 1 Zwiebel, 20 g Butter, 500 g Brokkoli, 250 g Quinoa, 50 ml Weißwein, 600 g Gemüsebrühe, Pfeffer

● Den Parmesan im Mixtopf **15 Sek./Stufe 10** fein raspeln, umfüllen. Den Mixtopf ausspülen.
● Die Zwiebel abziehen, halbieren und im Mixtopf **4 Sek./Stufe 5** zerkleinern. Die Butter dazugeben und die Zwiebel **3 Min./120 °C/Stufe 1** andünsten.
● Den Brokkoli waschen. Die Röschen vom Strunk trennen. Den Strunk putzen und grob würfeln. Das Gemüse zu den Zwiebeln in den Mixtopf geben und **3 Sek./Stufe 5** zerkleinern. Den Quinoa dazugeben und alles **3 Min./120°C/Linkslauf Stufe 1** andünsten.
● Den Weißwein hinzufügen und die Mischung ohne Messbecher **1 Min./100 °C/Linkslauf Stufe 1** ablöschen. Die Gemüsebrühe und etwas Pfeffer dazugeben und alles **20 Min./100 °C/Linkslauf Stufe 1** köcheln lassen.
● Das Brokkoli-Risotto noch 2 Minuten quellen lassen, in eine Servierschüssel füllen. Den Parmesan unterrühren und servieren.

Tipp: Die Garzeit von 20 Minuten gilt für Sorten, die nach 15–18 Minuten gar sind. Für Quinoa mit längerer Garzeit die Kochzeit um einige Minuten verlängern und nach 20 Minuten noch etwas Flüssigkeit hinzugeben.

Kohlenhydrate: 42 g pro Portion

4 Port. | 2 Kronen | 25 Min. | 15 Min.

Gemüse-Curry mit Kichererbsen

1 Zwiebel, 1 Knoblauchzehe, 25 g Rapsöl, 2 TL Currypulver, 1 großer Apfel (ca. 150 g), 500 g Gemüse (z. B. Möhren, Paprika, Brokkoli, Blumenkohl, Kürbis, Lauch), 100 g Gemüsebrühe oder Wasser, Salz, Pfeffer, 1 Glas Kichererbsen (220 g Abtropfgewicht), 300 g Tomaten, 150 g TK-Erbsen, 80 g gesalzene Cashewkerne

- Die Zwiebel und die Knoblauchzehe abziehen und im Mixtopf **3 Sek./Stufe 5** zerkleinern. Das Öl und das Currypulver dazugeben und **2 Min./120 °C/Stufe 1** andünsten.
- In der Zwischenzeit den Apfel entkernen und grob zerteilen. Die Stücke mit in den Mixtopf geben und **4 Sek./Stufe 5** zerkleinern.
- Das Gemüse je nach Sorte schälen, putzen und in mundgerechte Stücke schneiden. Mit Gemüsebrühe und etwas Salz und Pfeffer in den Mixtopf geben.
- Die Kichererbsen in den Varoma geben und unter fließendem Wasser abspülen. Den Varoma aufsetzen und alles **14 Min./Varoma/ Linkslauf Rührstufe** garen.
- Die Tomaten waschen und achteln. Den Varoma kurz beiseitestellen. Die Tomaten mit den Erbsen und den Cashewkernen in den Mixtopf geben. Den Varoma wieder aufsetzen und alles noch **5 Min./Varoma/ Linkslauf Rührstufe** garen. Die Kichererbsen mit dem Gemüse-Curry servieren.

Tipp: Wer dieses orientalische Gemüse-Curry mit gegarten Kichererbsen (15 g KH/100 g) statt mit Couscous (69 g KH/100 g) zubereitet, spart pro Portion satte 30 g Kohlenhydrate ein.

Kohlenhydrate: 29 g pro Portion

Zucchininudeln mit Ricotta-Zitronen-Sauce

4 Port. | 2 Kronen | 30 Min. | 15 Min.

800 g Zucchini (kleine bis mittelgroße), 400 g Wasser, 1 Knoblauchzehe, 1 Zwiebel, 50 g Vollmilch, 1 TL Thymian (frisch oder getrocknet), 1 TL Zitronensaft, ½ TL Zitronenschalenabrieb, Salz, Pfeffer, 250 g Ricotta

- Die Zucchini waschen, vierteln und das weiche Innere herausschneiden. Die Viertel mit einem Sparschäler in lange »Bandnudeln« schneiden, am besten so, dass am Rand immer noch etwas Schale bleibt, dann fallen die Nudeln später nicht so leicht zusammen. Die »Nudeln« im Varoma verteilen. Das Wasser einwiegen und die Zucchini **8 Min./ Varoma/Stufe 1** garen.
- In der Zwischenzeit die Knoblauchzehe und die Zwiebel abziehen. Den Varoma kurz beiseitestellen, die Garflüssigkeit auffangen. Den Knoblauch und die Zwiebel **3 Sek./Stufe 5** zerkleinern. Die Milch, 75 ml der Garflüssigkeit und den Thymian dazugeben. Den Varoma wieder aufsetzen und die Sauce **3 Min./100 °C/Stufe 1** aufkochen.
- Den Zitronensaft und -abrieb, etwas Salz und Pfeffer und den Ricotta in den Mixtopf geben und alles **4 Min./100 °C/Stufe 2** erwärmen. Den Varoma wieder aufsetzen. Die Sauce **15 Sek./Stufe 8** pürieren.
- Die Zucchininudeln mit der Ricotta-Zitronen-Sauce servieren.

Kohlenhydrate: 4 g pro Portion

Bunter Blumenkohl-Bratreis

4 Port. | 25 Min.

200 g Möhren, 4 Frühlingszwiebeln, 2 rote Paprika (à ca. 150 g), 2 EL Rapsöl, 1 EL Currypulver, 1 Blumenkohl (ca. 700 g), Salz, 4 Eier (M), 1 EL Sojasauce, ¼ TL Chiliflocken

- Die Möhren schälen, putzen und in Stücke schneiden. Die Frühlingszwiebeln waschen, putzen und ebenfalls in Stücke schneiden. Beides im Mixtopf **3 Sek./Stufe 5** zerkleinern. Die Paprika waschen, putzen, entkernen und in Streifen schneiden.
- Das Öl in einer Pfanne erhitzen und das Gemüse mit Currypulver darin einige Minuten anbraten.
- In der Zwischenzeit den Blumenkohl waschen, die Röschen abteilen und im Mixtopf mithilfe des Spatels **5–7 Sek./Stufe 5** zu reiskorngroßen Stücken zerkleinern. Den Blumenkohlreis mit 3 Esslöffeln Wasser und etwas Salz in die Pfanne geben und etwa 10 Minuten bei mittlerer Hitze dünsten.
- Die Eier mit Sojasauce und Chiliflocken im Mixtopf **15 Sek./Stufe 4** verrühren. Die Eiermasse über den Blumenkohlreis geben und unter Rühren braten, bis das Ei gestockt ist. Den Bratreis mit etwas Sojasauce abschmecken und servieren.

Kohlenhydrate: 12 g pro Portion

Ratatouille mit Ziegenkäse

4 Port. | 30 Min. | 20 Min.

1 Zwiebel, 1 Knoblauchzehe, 20 g Olivenöl, 250 g Aubergine, 300 g Zucchini, 1 rote und 1 gelbe Paprika, ½ TL getrockneter Oregano, 400 g Tomaten, 1 EL Tomatenmark, Salz, Pfeffer, 200 g Ziegenfrischkäse

- Die Zwiebel abziehen und halbieren. Die Knoblauchzehe abziehen. Beides mit Öl in den Mixtopf geben und **3 Sek./Stufe 5** zerkleinern. Zwiebel- und Knoblauchstückchen mit dem Spatel nach unten schieben und **2 Min./120 °C/Stufe 1** andünsten.
- In der Zwischenzeit die Aubergine, die Zucchini und die Paprikaschoten waschen, putzen und in mundgerechte Stücke schneiden. Das Gemüse mit Oregano in den Mixtopf geben und alles **10 Min./100 °C/ Linkslauf Rührstufe** dünsten.
- Die Tomaten waschen und achteln. Die Stücke mit Tomatenmark sowie etwas Salz und Pfeffer zu dem Gemüse in den Mixtopf geben und alles **12 Min./100 °C/Linkslauf Rührstufe** dünsten.
- Das Ratatouille auf Tellern anrichten und den Ziegenkäse in Flöckchen darauf verteilen.

Tipp: Dieses Ratatouille schmeckt prima als Pfannkuchen-Füllung (Seite 103) oder Sie servieren etwas Oliven-Fladenbrot (Seite 35) dazu. Nichtvegetarier können es zu gebratenem Fleisch oder Fisch reichen.

Kohlenhydrate: 13 g pro Portion

▸ *Ratatouille mit Ziegenkäse*

Gebäck & Desserts

4 Port. | 30 Min. + 11 Min. Backzeit

Baisertörtchen mit Beeren

3 Eiweiß, 140 g Birkenzucker, 2 EL Kokoschips oder gehobelte Mandeln, 250 g Schlagsahne, 150 g gemischte Beeren

- Ofen auf 190 °C vorheizen. Den Rühraufsatz einsetzen und das Eiweiß im Mixtopf auf **Stufe 3,5** steif schlagen. Dabei den Birkenzucker durch die Deckelöffnung einrieseln lassen. Rühraufsatz entfernen.
- Ein Blech mit Backpapier belegen. 8 runde Eiweißkleckse auf das Backpapier geben. Dabei Abstand lassen. Die Kokoschips auf den Eischnee streuen. Die Baisers im Ofen 12–14 Minuten backen.
- Den Mixtopf spülen. Die Schlagsahne auf **Stufe 3,5** steif schlagen, dabei durch die Deckelöffnung beobachten. Die Beeren waschen.
- Die Baisers aus dem Ofen nehmen, abkühlen lassen, wobei sie ein wenig schrumpfen. 4 Baisers mit den Kokoschips nach unten auf eine Servierplatte geben. Mit Sahne bestreichen. Die Hälfte der Beeren daraufgeben. Mit einem Baiser abschließen. Die übrigen Beeren darauf verteilen, kalt stellen.

Kohlenhydrate: 5 g pro Portion

Dinkel-Mandel-Pfannkuchen

8 Stück | 20 Min.

100 g Mandeln, 100 g Dinkelvollkornmehl, 300 g Vollmilch, 2 Eier (M), 1 TL Vanille-Birkenzucker (Seite 137), 1 Prise Salz, Butter zum Braten

● Die Mandeln im Mixtopf **10 Sek./Stufe 10** mahlen. Alle anderen Zutaten dazugeben und **10 Sek./Stufe 5** verrühren.
● Etwas Butter in einer Pfanne erhitzen und nacheinander 8 Pfannkuchen darin backen.

Tipp: Diese leckeren Pfannkuchen sind geschmacklich und optisch kaum von »normalen« zu unterscheiden, enthalten aber nur halb so viele Kohlenhydrate. Noch mehr Kohlenhydrate einsparen? Dann probieren Sie doch mal Leinsamen-Pfannkuchen (Seite 103) ganz ohne Mehl.

Kohlenhydrate: 10 g pro Stück

Mandelwaffeln

ca. 6 Stück | 30 Min.

30 g Haferflocken, 120 g Mandeln, 5 Eier (M), 80 g weiche Butter, 1 Banane, 60 g Vollmilch, 2 EL Birkenzucker, ½ TL Backpulver, etwas Butter zum Einfetten

● Die Haferflocken im Mixtopf **1 Min./Stufe 10** mahlen. Die Mandeln dazugeben und weitere **10 Sek./Stufe 10** mahlen, umfüllen.
● Die Eier mit der Butter und der Banane im Mixtopf **1 Min./Stufe 4** cremig rühren. Die Milch mit Birkenzucker, Backpulver und Mandel-Hafermehl-Mix dazugeben und **20 Sek./Stufe 4** verrühren.
● Ein Waffeleisen mit etwas Butter einfetten und aus dem Teig darin nacheinander 6 Waffeln backen.

Tipp: Am nächsten Tag schmecken die Waffeln prima im Toaster aufgebacken.

Kohlenhydrate: 9 g pro Stück

Straciatella-Mandarinen-Quark

4 Port. | 10 Min.

1 kleine Dose Mandarinen (ungesüßt, Abtropfgewicht 175 g), 25 g Bitterschokolade (mind. 85 % Kakao), 250 g Quark (20 % Fett), 1 TL Reissirup

● Die Mandarinen in einem Sieb abtropfen lassen, den Saft dabei auffangen.
● Die Schokolade in Stücke brechen und im Mixtopf **8 Sek./Stufe 7** raspeln. Den Quark, 2 Esslöffel Mandarinensaft und den Reissirup dazugeben und alles **10 Sek./Stufe 4** verrühren.
● Den Straciatella-Quark auf 4 Portionen aufteilen. Die Mandarinen darauf verteilen und servieren.

Tipp: Zur Winterzeit können Sie auch 2–3 frische Mandarinen verwenden. Eine halbe Mandarine davon für den Saft auspressen.

Kohlenhydrate: 10 g pro Portion

▸ *Straciatella-Mandarinen-Quark*

4 Port. | 5 Min.

Mascarponecreme mit Mohn

20 g Mohn, 2 EL Birkenzucker, 250 g Mascarpone, 300 g Joghurt (3,5 % Fett), 300 g TK-Himbeeren (aufgetaut)

- Den Mohn mit dem Birkenzucker im Mixtopf **10 Sek./Stufe 10** mahlen. Die Mascarpone und den Joghurt dazugeben und alles **20 Sek./Stufe 4** verrühren.
- Die Mascarponecreme mit den Himbeeren in Schälchen geben und servieren.

Kohlenhydrate: 7 g pro Portion

Espresso-Panna-Cotta

4 Port. | 10 Min. + 90 Min. Kühlzeit

2 TL Gelatinepulver, 250 g Sahne, 2 gestr. EL Instant-Espresso, 40 g Birkenzucker

- Das Gelatinepulver in 3 Esslöffel Wasser 5 Minuten quellen lassen.
- In der Zwischenzeit alle anderen Zutaten in den Mixtopf geben. Die Gelatine dazugeben. Alles **2 Sek./Stufe 6** verrühren, dann **4 Min./80 °C/Stufe 1** erhitzen.
- Auf vier Espressotassen verteilen und im Kühlschrank mindestens 1,5 Stunden kalt stellen.

Kohlenhydrate: 2 g pro Portion

4 Port. | 10 Min.

Avocado-Schoko-Mousse

130 g Schlagsahne, 2 Avocados, 3 EL ungesüßtes Kakaopulver, 40 g Vollmilch, 1–2 EL Reissirup, nach Belieben 1 EL Kakaonibs (Kakaobohnensplitter)

- Den Rühraufsatz in den Mixtopf einsetzen und die Sahne auf **Stufe 3,5** steif schlagen. Die Sahne dabei durch die Deckelöffnung beobachten. Rühraufsatz entfernen. Die steif geschlagene Sahne umfüllen.
- Die Avocados halbieren, den Kern und das Fruchtfleisch aus der Schale herauslösen. Das Avocadofruchtfleisch mit Kakaopulver, Milch und Reissirup in den Mixtopf geben und **10 Sek./Stufe 7** pürieren. Alles mit dem Spatel herunterschieben und noch einmal **10 Sek./Stufe 7** pürieren.
- Die Sahne mit dem Spatel unterheben und die Avocado-Schoko-Mousse auf 4 Gläser verteilen. Mit Kakaonibs bestreuen und bis zum Servieren kalt stellen.

Kohlenhydrate: 5 g pro Portion

◂ *Mascarponecreme mit Mohn*

Kokos-Himbeer-Eis

4 Port. | 10 Min.

300 g TK-Himbeeren, 80 g Kokosmilch, 2 EL Reissirup, 40 g Kokoschips

- Die Himbeeren im Mixtopf **10 Sek./Stufe 8** zerkleinern. Die Kokosmilch und den Reissirup dazugeben und alles **30 Sek./Stufe 4** cremig rühren.
- 30 g Kokoschips dazugeben und **4 Sek./Stufe 4** unterrühren.
- Das Eis in Schälchen geben und mit den übrigen Kokoschips bestreut servieren.

Kohlenhydrate: 8 g pro Portion

Kirsch-Cantuccini

ca. 16 Stück | 20 Min. | 15 Min. + 21 Min. Backzeit

150 g Mandeln, 2 gestr. EL Weizenkleie, 2 EL Reissirup, 2 Msp. Zitronenschalenabrieb, ¼ TL Backpulver, 1 Prise Salz, 1 Eigelb, 50 g getrocknete Kirschen (ungesüßt)

- Den Backofen auf 160 °C Umluft vorheizen. Die Mandeln mit der Weizenkleie im Mixtopf **10 Sek./Stufe 10** mahlen. Die übrigen Zutaten hinzufügen und alles **10 Sek./Stufe 4** verkneten.
- Ein Blech mit Backpapier auslegen. Den Teig darauflegen, noch einmal kurz durchkneten und mit den Händen daraus zu 2 etwa 4 cm breiten Blöcken formen. Diese im Ofen 15 Minuten backen.
- Das Blech herausnehmen, den Ofen ausschalten. Die Blöcke jeweils in etwa 1,5 cm dicke Cantuccini schneiden. Diese auf die Schnittseite kippen und in der Restwärme des Ofens noch 6–8 Minuten backen.
- In einer Blechdose aufbewahrt bleiben die Kirsch-Cantuccini einige Wochen frisch.

Kohlenhydrate: 4 g pro Stück

Frozen Joghurt mit Erdbeeren

4 Port. | 10 Min.

40 g Birkenzucker, 300 g TK-Erdbeeren, 80 g griechischer Joghurt, 2 EL Chia-Samen

- Den Birkenzucker **10 Sek./Stufe 10** mahlen. Die Erdbeeren dazugeben und **10 Sek./Stufe 8** zerkleinern. Den Joghurt und die Chia-Samen dazugeben und alles **30 Sek./Stufe 4** cremig rühren.
- Den Frozen Joghurt sofort servieren oder in Eis-Portionsförmchen einfrieren.

Kohlenhydrate: 5 g pro Portion

▸ *Frozen Joghurt mit Erdbeeren*

Low-Carb-Backen – so gelingt's

FRÜHSTÜCK, BROTZEIT UND NACHMITTAGS-KAFFEE – SO WERDEN BRÖTCHEN, BROTE UND KUCHEN AUCH OHNE HERKÖMMLICHES MEHL PERFEKT.

Wer leckere Marmeladenbrötchen und Kuchen liebt, kann mit dem Thermomix ohne viel Aufwand Kohlenhydrate sparen. Denn statt herkömmlichem Mehl und Haushaltszucker kommen diese Zutaten ins Gebäck:

Mandelmehl Nur etwa 4 g Kohlenhydrate stecken in 100 g Mandelmehl. In Pancakes oder Gebäck kann es eine prima Alternative zu Weizenmehl sein und mit dem Thermomix ist es denkbar einfach herzustellen. Industriell hergestellte Mandelmehle sind trockener, da ihnen ein Teil der natürlichen (sehr gesunden!) Fette entzogen wird. Daher ziehe ich das selbst gemahlene Mehl vor, denn damit werden Kuchen unglaublich saftig. Außerdem ist es einfach frischer und auch deutlich preiswerter.

Kichererbsenmehl Auch aus getrockneten Kichererbsen können Sie im Thermomix preisgünstig Ihr eigenes Mehl herstellen. Im Vergleich zu Weizenmehl enthält Kichererbsenmehl rund ein Drittel weniger Kohlenhydrate! Weil es kein Klebereiweiß (Gluten) enthält, kann es Weizenmehl in Rezepten jedoch nicht 1 : 1 ersetzen. Im Low-Carb-Brot übernehmen Eier, Kleie, Leinsamen oder Chia-Samen die Funktion des »Klebers«, der den Teig zusammenhält.

Leinsamenmehl aus gemahlenen Leinsamen quillt in Wasser auf und hält den Teig dadurch prima zusammen. Es ist komplett frei von Kohlenhydraten und liefert viele Ballaststoffe, pflanzliches Eiweiß und Omega-3-Fette. Sogenannte Goldleinsamen ergeben hellere Teige. Leinsamenmehl am besten immer frisch mahlen.

Quinoamehl Ich verwende fein gemahlene Quinoakörner gerne für Kuchen oder Pfannkuchen, weil der leicht nussige Geschmack hier toll zur Geltung kommt. Quinoa zählt zu den Pseudogetreidearten, ist glutenfrei und liefert reichlich Magnesium, Zink und Kalzium. In vielen Rührteigen lässt sich Weizenmehl 1:1 durch Quinoamehl austauschen. Um den Kohlenhydratgehalt zu reduzieren, am besten 25–50 Prozent der Menge durch Mandelmehl ersetzen.

Birkenzucker (Xylit) ist ebenso körnig wie herkömmlicher Zucker, hat dasselbe Volumen und liefert Teigen also auch Masse. In klassischen Rezepten können Sie Haushaltszucker daher ohne weiteres durch Xylit austauschen. Wichtig: Die Eier lieber etwas länger als sonst mit dem Birkenzucker schaumig schlagen. Dadurch wird der Kuchen schön luftig.

Reissirup lässt sich prima zum Backen verwenden und kann in Rezepten für Kekse und Kuchen Honig oder Zuckerrübensirup ersetzen.

Rohkakao Rohkakaopulver ersetzt in allen Rezepten das zuckerreiche Kakaopulver und Kakaonibs schmecken prima als Schokoersatz. Reine Rohschokolade ist nicht immer leicht zu bekommen. Aber auch Bitterschokolade mit 85 Prozent Kakaogehalt ist für das Low-Carb-Backen geeignet und enthält nur geringe Mengen an Zucker. Dafür ist der Schokoladengeschmack umso intensiver.

Flohsamenschalen

binden Teige ohne Mehl hervorragend – ideal für Low-Carb-Brot. Sie quellen in Wasser auf, enthalten 85 Prozent Ballaststoffe und sind komplett frei von Kohlenhydraten. Man bekommt sie in der Apotheke oder im Reformhaus.

Kichererbsenmehl vs. Weizenmehl

(NÄHRSTOFFE PRO 100 G)

44 G	KH	72 G
15 G	BALLASTSTOFFE	3,5
6 G	FETTE	1 G
20 G	EIWEISS	11 G

Quinoamehl vs. Dinkelmehl

(NÄHRSTOFFE PRO 100 G)

61 G	KH	69 G
7 G	BALLASTSTOFFE	4 G
6 G	FETT	1 G
13 G	EIWEISS	12 G

Vanille, ohne Zucker

Das feine Aroma der Bourbon-Vanilleschote gehört fast in jedes Gebäck, aber die Schoten sind leider teuer. Preiswerte Alternative: selbst gemachter Vanillezucker aus Birkenzucker (Seite 137).

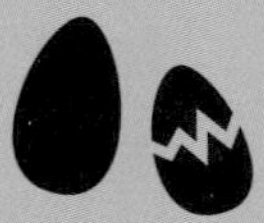

Knusper, knusper

EIWEISSBROT MIT VIELEN EIERN IST ETWAS WEICHER UND HAT EINE FEUCHTERE KRUME. PROBIEREN SIE ES GETOASTET – SO WIRD ES SCHÖN KNUSPRIG.

Zu flüssig?

NICHT WUNDERN, LOW-CARB-TEIGE SIND OFT FLÜSSIGER ALS HERKÖMMLICHE. DAVON ABER NICHT BEIRREN LASSEN. DA LEINSAMEN, KLEIE & CO. NOCH STARK AUFQUELLEN, NEHMEN SIE BEIM BACKEN NOCH VIEL WASSER AUF.

LIEBER EINFRIEREN

Brote ohne oder mit wenig Getreidemehl sind meist etwas kürzer haltbar als herkömmliche Sorten, vor allem bei warmen Temperaturen. Tipp: am besten in Scheiben schneiden, einfrieren und dann kurz im Toaster auftauen.

Italienisches Vanillegebäck

30 Stück | 14 Min. | 10 Min. + 14 Min. Backzeit

150 g Mandeln (geschält oder ungeschält), 100 g Vanille-Birkenzucker (Seite 137), 1 Eiweiß, 3 Tropfen Bittermandelaroma, 30 ganze Mandeln zum Dekorieren, 2 EL Vanille-Birkenzucker zum Wälzen

- Den Ofen auf 175 °C Umluft vorheizen. Die Mandeln im Mixtopf **10 Sek./Stufe 10** mahlen. 100 g Vanille-Birkenzucker, das Eiweiß und das Bittermandelaroma dazugeben und alles **30 Sek./Stufe 4** verrühren.
- Ein Blech mit Backpapier belegen. Aus dem Teig etwa 30 walnussgroße Kugeln formen und auf das Blech setzen. Jeweils eine Mandel senkrecht in die Mitte der Kugel stecken. Die Kekse im Ofen 14 Minuten backen.
- 2 Esslöffel Vanille-Birkenzucker in einen tiefen Teller geben. Das Gebäck herausnehmen und noch warm im Vanille-Birkenzucker wälzen. Die Kekse in einer Blechdose aufbewahren.

Kohlenhydrate: 0 g pro Stück

◂ *Schoko-Erdnuss-Bites*

Quinoa-Cookies

25 Min. + 15 Min. Backzeit | 25 Stück | 15 Min.

1 Ei, 75 g Butter, 100 g Birkenzucker, 100 g Quinoaflocken, 1 gestr. TL Backpulver, 1 EL Vollkornmehl

- Den Backofen auf 170 °C vorheizen. Das Ei trennen. Den Rühraufsatz einsetzen und das Eiweiß im Mixtopf auf **Stufe 3,5** steif schlagen, umfüllen. Den Rühraufsatz entfernen. Die Butter mit Birkenzucker im Mixtopf **20 Sek./Stufe 5** cremig rühren.
- Die Quinoaflocken mit Backpulver, Vollkornmehl und Eigelb in den Mixtopf geben und alles **20 Sek./Stufe 4** verrühren. Das Eiweiß mit dem Spatel unterrühren.
- Zwei Bleche mit Backpapier belegen und mit einem Teelöffel Teighäufchen darauf setzen. Dazwischen einige Zentimeter Abstand lassen.
- Die Cookies im Ofen 15 Minuten backen und nach dem Abkühlen in einer Blechdose aufbewahren.

Kohlenhydrate: 3 g pro Stück

Schoko-Erdnuss-Bites

20 Stück | 20 Min. | 20 Min. + 20 Min. Kühlzeit

200 g Bitterschokolade (85 % Kakao), 40 g Erdnussbutter
Außerdem: 20 Pralinenförmchen aus Papier oder Alu

- 100 g der Schokolade im Mixtopf **10 Sek./Stufe 9** zerkleinern. Die Schokostückchen mit dem Spatel nach unten schieben und etwa **2 Min./50 °C/Stufe 2** schmelzen.
- Die flüssige Schokolade auf die Förmchen verteilen, sodass jeweils der Boden bedeckt ist. Die Förmchen für etwa 10 Minuten ins Gefrierfach stellen, bis die Schokolade fest ist.
- Die Förmchen herausnehmen und jeweils in die Mitte der Schokolade einen kleinen Klecks Erdnussbutter geben, diesen mit einem Löffel flach drücken.
- Die übrige Schokolade in Stücke brechen und im Mixtopf **10 Sek./Stufe 9** zerkleinern. Die Schokostückchen mit dem Spatel nach unten schieben und etwa **2 Min./50 °C/Stufe 2** schmelzen. Die flüssige Schokolade in die Förmchen geben, sodass die Erdnussbutter bedeckt ist. 10 Minuten im Gefrierfach fest werden lassen und dann servieren.

Kohlenhydrate: 2 g pro Stück

Basis-Rührteig Low Carb

12 Stücke | 10 Min. + 38 Min. Backzeit | 35 Min.

50 g Weizenkleie, 200 g Mandeln, 100 g Birkenzucker, 60 g Butter, 1 Prise Salz, 100 g griechischer Joghurt (10 % Fett), 4 Eier (M), 1 EL Backpulver

- Den Backofen auf 175 °C Umluft vorheizen. Die Weizenkleie im Mixtopf **1 Min./Stufe 10** mahlen. Die Mandeln dazugeben und weitere **20 Sek./Stufe 10** mahlen, umfüllen.
- Den Birkenzucker mit Butter und Salz im Mixtopf **1 Min. 30 Sek./37 °C/Stufe 2** verrühren. Den Joghurt und die Eier dazugeben und **1 Min. 30 Sek./Stufe 3,5** verrühren. Mandel-Kleie-Mix und das Backpulver hinzufügen und alles **1 Min./Stufe 3,5** verrühren.
- Eine Springform (Ø 24 cm) mit Backpapier auslegen, den Teig hineingeben und auf der zweituntersten Schiene etwa 38 Minuten backen. Gegen Ende der Backzeit aufpassen, dass der Kuchen nicht zu braun wird, eventuell mit Alufolie abdecken.

Variante: Der Teig lässt sich nach Belieben mit Früchten (z. B. Äpfeln, Kirschen, Pflaumen) oder auch mit Zartbitter-Schokostückchen und gehackten Nüssen verfeinern.

Kohlenhydrate: 2 g pro Stück

Marmorkuchen

12 Stücke | 10 Min. + 55 Min. Backzeit | 55 Min.

60 g Weizenkleie, 250 g Mandeln, 120 g Birkenzucker, 75 g Butter, 120 g Joghurt (3,5 oder 10 % Fett), 5 Eier, 1 Prise Salz, 1 EL Backpulver, 2 gehäufte EL ungesüßtes Kakaopulver, etwas Butter zum Einfetten

- Den Backofen auf 175 °C Umluft vorheizen. Die Weizenkleie im Mixtopf **1 Min./Stufe 10** mahlen. Die Mandeln dazugeben und alles **20 Sek./Stufe 10** mahlen, umfüllen.
- Den Birkenzucker und 75 g Butter in den Mixtopf geben und **1 Min. 30 Sek./37 °C/Stufe 2** cremig rühren. Den Joghurt und die Eier dazugeben und **1 Min. 30 Sek./Stufe 3,5** unterrühren.
- Mandeln, Kleie, Salz und Backpulver dazugeben und **1 Min./Stufe 3,5** unterrühren. Eine Gugelhupfform (Ø 22 oder 24 cm) einfetten und ⅔ des Teiges einfüllen. Nicht wundern, wenn der Teig relativ flüssig ist.
- Das Kakaopulver zum übrigen Teig in den Mixtopf geben und **20 Sek./Stufe 4** unterrühren. Den dunklen Teig auf den hellen geben und mit einer Gabel spiralförmig unterrühren.
- Den Teig im Ofen auf der zweituntersten Schiene 55–60 Min. backen. Gegen Ende der Garzeit eventuell mit Alufolie abdecken, damit der Kuchen nicht zu dunkel wird.

Tipp: Geschälte Mandeln verleihen dem Teig eine hellere Farbe. Mit den braunen, ungeschälten wird er etwas dunkler – schmeckt aber genauso gut!

Kohlenhydrate: 2 g pro Stück

1 Blech (24 Stücke) | Schwierigkeit: 2 Kronen | *20 Min. + 25 Min. Backzeit* | *29 Min.*

Schoko-Ingwer-Blechkuchen

70 g Weizenkleie, 250 g Mandeln, 250 g Schokolade (mindestens 85 % Kakao), 250 weiche Butter oder Margarine, 170 g Birkenzucker, 6 Eier (M), ½ TL Backpulver, ¼ TL Zimt, 1 Prise Salz
Für die Schokoglasur: 1 Stück Ingwer (ca. 5–6 cm), 100 g Schokolade (mindestens 85 % Kakao), 80 g Sahne

- Den Backofen auf 180 °C Umluft vorheizen. Die Kleie im Mixtopf **1 Min./Stufe 10** mahlen. Die Mandeln dazugeben und **10 Sek./Stufe 10** fein mahlen, umfüllen. Die Schokolade in Stücke brechen und **8–10 Sek./Stufe 10** fein zerkleinern, umfüllen.
- Die Butter mit Birkenzucker **1 Min./Stufe 4** cremig rühren. Die Eier dazugeben und **1 Min./Stufe 4** unterrühren. Die Schokolade und den Kleie-Mandel-Mix in den Mixtopf geben. Backpulver, Zimt und Salz dazugeben und alles **2 Min./Stufe 4** mithilfe des Spatels verrühren.
- Ein Blech mit Backpapier auslegen und den Teig darauf verstreichen. Den Teig im Ofen 23–25 Minuten backen. Den Kuchen herausnehmen und etwas abkühlen lassen.
- Den Ingwer schälen und im Mixtopf **10 Sek./Stufe 10** fein zerkleinern, umfüllen. Den Mixtopf spülen.

- Die Schokolade in Stücke brechen und im Mixtopf **10 Sek./Stufe 8** zerkleinern. Die Sahne dazugeben und **2 Min./50 °C/Stufe 3** schmelzen. Den Ingwer hinzufügen und **8 Sek./Stufe 6** unterrühren. Die Glasur auf dem Kuchen verteilen. Fest werden lassen und den Kuchen in Quadrate oder Dreiecke schneiden.

Variante: Wer keinen Ingwer mag, bereitet die Glasur ohne ihn zu und bestreut den Schokoguss stattdessen mit einer Handvoll Kokosraspeln oder gehobelten Nüssen.

Tipp: Dieser Kuchen bleibt nach dem Backen lange schön saftig, auch wenn man ihn schon 1–2 Tage vor dem Servieren backt – ideal zum Vorbereiten für Gäste!

Kohlenhydrate: 4 g pro Stück

12 Stücke | 20 Min. + 28 Min. Backzeit | 33 Min.

Brownie-Kuchen

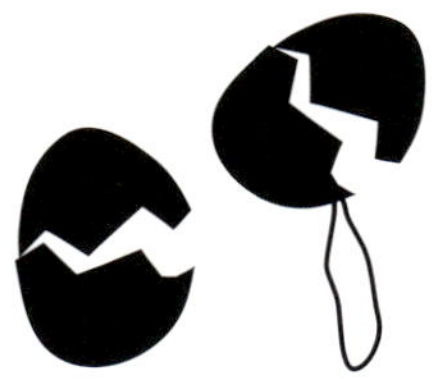

300 g Bitterschokolade (mind. 85 % Kakao), 80 g Butter, 5 Eier, 1 Prise Salz, 100 g Birkenzucker, 2 EL ungesüßtes Kakaopulver, 250 g Schlagsahne

- Backofen auf 175 °C Umluft vorheizen. Die Schokolade in Stücke brechen, im Mixtopf **3 Sek./Stufe 8** zerkleinern. Die Butter dazugeben und **2 Min./50 °C/Stufe 1** schmelzen, umfüllen. Den Mixtopf ausspülen.
- Die Eier trennen. Das Eiweiß mit einer Prise Salz in den Mixtopf geben. Den Rühraufsatz einsetzen und das Eiweiß in **2 Min./Stufe 3,5** steif schlagen, umfüllen. Rühraufsatz entfernen.
- Das Eigelb mit dem Birkenzucker in den Mixtopf geben und **1 Min./Stufe 4** cremig rühren. Den Schoko-Butter-Mix dazugeben und alles **20 Sek./Stufe 4** unterrühren.
- Das steif geschlagene Eiweiß mit dem Spatel unterheben. Eine Springform (⌀ 24 cm) mit Backpapier auslegen und den Teig hineingeben. Den Kuchen im Ofen 28 Minuten backen.
- Den Kuchen etwas abkühlen lassen und das Kakaopulver über den Kuchen sieben. Den Rühraufsatz einsetzen und die Sahne im Mixtopf auf **Stufe 3,5** steif schlagen, dabei durch die Deckelöffnung beobachten. Den Brownie-Kuchen mit einem Klecks Sahne servieren.

Variante: Wenn Sie Pekan-Orangen-Brownies backen möchten, rühren Sie im 3. Schritt noch etwas geriebene Orangenschale und eine Handvoll Pekannüsse unter den Teig.

Kohlenhydrate: 6 g pro Stück

Apfel-Möhren-Kuchen

12 Stücke | 15 Min. + 35 Min. Backzeit | 35 Min.

200 g Mandeln, 100 g Haselnüsse, 150 g Möhren, 150 g Apfel, 5 Eier (M), 130 g Birkenzucker, 2 TL Backpulver, 1 Prise Salz, 1 Prise Zimt

- Den Ofen auf 180 °C Umluft vorheizen. Mandeln und Haselnüsse im Mixtopf **10 Sek./Stufe 10** mahlen, umfüllen. Die Möhren waschen, putzen und in Stücke schneiden. Die Äpfel waschen, vierteln und entkernen.
- Die Möhren im Mixtopf **3 Sek./Stufe 5** raspeln. Die Äpfel dazugeben und mit den Möhren nochmals **3 Sek./Stufe 5** raspeln, umfüllen.
- Den Mixtopf ausspülen und den Rühraufsatz einsetzen. Die Eier trennen. Das Eiweiß in den Mixtopf geben und etwa **2 Min. 30 Sek./Stufe 3,5** steif schlagen, umfüllen. Rühraufsatz entfernen.
- Das Eigelb mit 100 g Birkenzucker **20 Sek./Stufe 4** cremig rühren. Das Backpulver mit Salz, Zimt, Nüssen und Möhren-Apfel-Mix in den Mixtopf geben und alles **15 Sek./Stufe 5** vermischen. Das Eiweiß mit dem Spatel vorsichtig unterheben.
- Eine runde Springform (⌀ 24 cm) mit Backpapier auskleiden und den Teig hineingeben. Den Kuchen im Ofen 35–38 Minuten backen.
- Den übrigen Birkenzucker im Mixtopf **30 Sek./Stufe 10** mahlen und über den abgekühlten Kuchen sieben.

Kohlenhydrate: 4 g pro Stück

▸ *Apfel-Möhren-Kuchen*

Himbeer-Mini-Cheesecakes

12 Stück | 15 Min + 40 Min. Backzeit + 60 Min. Kühlzeit | 40 Min.

15 g getrocknete Kichererbsen, 60 g Mandeln, 400 g Frischkäse, 70 g Birkenzucker, 1 EL Vanille-Birkenzucker (Seite 137), 1 Prise Salz, 2 Eier (M), 1 TL Zitronensaft, 100 g TK-Himbeeren (aufgetaut)
Außerdem: 12 Muffin-Papierförmchen

- Den Backofen auf 175 °C Umluft vorheizen. Die Kichererbsen **1 Min. 30 Sek./Stufe 10** fein mahlen, umfüllen. Wer ein feines Sieb hat, kann das Kichererbsenmehl noch einmal durchsieben, damit später in der Frischkäsemasse keine »Körnchen« verbleiben.
- Die Mandeln **3 Sek./Stufe 7** grob mahlen, umfüllen. Nun den Frischkäse, den Birkenzucker und das Kichererbsenmehl im Mixtopf **30 Sek./Stufe 4** verrühren. Den Vanille-Birkenzucker mit Salz, Eiern und Zitronensaft dazugeben und **2 Minuten/Stufe 4** cremig rühren.
- Ein Muffinblech mit Papierförmchen auslegen. Die Mandeln als Boden in den Förmchen verteilen. Die Frischkäsemasse daraufgeben. Den Mixtopf spülen und die Beeren **20 Sek./Stufe 8** pürieren. Nun teelöffelweise das Fruchtpüree auf die Käsemasse geben. Mit einem Holzstäbchen spiralförmig durch die Frischkäsemasse ziehen.
- Die Cheesecakes im Ofen 10 Minuten backen. Dann die Hitze auf 120 °C Umluft reduzieren und die Cheesecakes weitere 30 Minuten backen. Etwas abkühlen lassen und im Kühlschrank noch mindestens 1 Stunde kalt stellen.

Kohlenhydrate: 1 g pro Stück

◂ *Himbeer-Mini-Cheesecakes*

12 Stück | 15 Min. + 18 Min. Backzeit | 18 Min.

Joghurt-Zitronen-Muffins

100 g Quinoa, 50 g Mandeln, 3 Eier (M), 200 g Joghurt (3,5 % Fett), 80 g Birkenzucker, 100 g Rapsöl, 2 EL Zitronensaft, ½ TL Zitronenschalenabrieb, 1 Prise Salz, 1 TL Backpulver
Außerdem: 12 Muffinförmchen aus Papier
Für den Guss: 30 g Birkenzucker, etwas Zitronensaft oder Wasser

- Den Ofen auf 180 °C Umluft vorheizen. Den Quinoa **1 Min./Stufe 10** mahlen. Die Mandeln dazugeben und **10 Sek./Stufe 10** mahlen, umfüllen.
- Die Eier, den Joghurt, den Birkenzucker, das Rapsöl, den Zitronensaft, die abgeriebene Zitronenschale und das Salz im Mixtopf **30 Sek./Stufe 4** cremig rühren. Das Quinoa-Mandel-Mehl und das Backpulver dazugeben und **20 Sek./Stufe 3,5** unterrühren.
- Ein Muffinblech mit Papierförmchen auslegen, den Teig in die Förmchen füllen. Die Muffins im Ofen 18–20 Minuten backen.
- Für den Guss den Birkenzucker **10 Sek./Stufe 10** mahlen und mit Zitronensaft oder Wasser glatt rühren und die Muffins nach dem Abkühlen damit bestreichen.

Kohlenhydrate: 6 g pro Stück

12 Stücke | 30 Min. + 1 Std. 25 Min. Back- und Kühlzeit

Erdbeer-Mascarpone-Torte

200 g Bitterschokolade (85 % Kakao), 125 g Butter, 3 Eier (M), 1 Prise Salz, 110 g Birkenzucker, 50 g Dinkelvollkornmehl, 150 g Schlagsahne, 250 g Mascarpone, 1 EL Vanille-Birkenzucker (Seite 137), 200 g Erdbeeren (frisch oder TK, aufgetaut), etwas Butter zum Einfetten

- Den Ofen auf 175 °C Umluft vorheizen. 150 g der Bitterschokolade in Stücke brechen und im Mixtopf **10 Sek./Stufe 10** fein raspeln. Die Schokostückchen mit dem Spatel nach unten schieben. 125 g Butter dazugeben und beides **5 Min./50 °C/Stufe 1** schmelzen, umfüllen.
- Den Mixtopf spülen. Die Eier trennen. Den Rühraufsatz einsetzen und das Eiweiß mit Salz etwa **1 Min. 30 Sek./Stufe 3,5** steif schlagen, dabei durch die Deckelöffnung beobachten. Umfüllen und den Rühraufsatz entfernen.
- Das Eigelb mit Birkenzucker im Mixtopf **1 Min./Stufe 4** cremig rühren. Nochmals **1 Min./Stufe 4** verrühren und dabei die flüssige Schokolade durch die Deckelöffnung langsam dazugeben.
- Das Mehl hinzufügen und alles **30 Sek./Stufe 4** verrühren. Den Eischnee vorsichtig mit dem Spatel unterheben. Eine Springform (⌀ 20 cm) einfetten und den Teig einfüllen. Den Kuchenboden im Ofen 25 Minuten backen.

- In der Zwischenzeit den Mixtopf spülen. Den Rühraufsatz einsetzen und die Sahne auf **Stufe 3,5** halb steif schlagen. Rühraufsatz entfernen. Die Mascarpone und den Vanille-Birkenzucker dazugeben und alles **20 Sek./Stufe 4** verrühren, umfüllen.
- Die Erdbeeren waschen, putzen, vierteln und mit dem Spatel vorsichtig unter die Creme rühren. Einige Erdbeeren zum Dekorieren beiseitelegen.
- Die Mascarponecreme auf den abgekühlten Kuchenboden geben. Die übrige Schokolade im Mixtopf **7 Sek./Stufe 10** raspeln und **2 Min./50 °C/Stufe 1** schmelzen. Die flüssige Schokolade mit einem Löffel in Streifen über die Mascarponecreme tröpfeln. Die Torte vor dem Servieren mindestens 1 Stunde in den Kühlschrank stellen.

Kohlenhydrate: 7 g pro Stück

Hausgemachte Basics

4 Port. | 30 Min.

Grundrezept Kichererbsen-Pasta

200 g getrocknete Kichererbsen, 2 Eier, 1 EL Olivenöl, etwas Vollkornmehl zum Ausrollen, Salz

- Die Kichererbsen im Mixtopf **1 Min./Stufe 10** mahlen. Die Eier und das Olivenöl dazugeben und alles **2 Min./Knetstufe** zu einem glatten Teig kneten.
- Den Teig zu einer Kugel formen und mit einem Nudelholz oder einer Nudelmaschine dünn ausrollen. Den Teig dabei eventuell mit etwas Vollkornmehl bestäuben.
- Die Teigplatten nach Belieben zuschneiden bzw. durch die Nudelmaschine drehen und in kochendem Salzwasser je nach Dicke 3–5 Minuten garen.

Tipp: Der Teig eignet sich hervorragend für die Zubereitung von Lasagneplatten. Auch Ravioli lassen sich damit gut zubereiten. Die Teigoberfläche wird allerdings nicht ganz so glatt wie bei Pasta aus Weizenmehl. Der Geschmack ähnelt dem von Vollkornnudeln – bei nur halb so vielen Kohlenhydraten.

Kohlenhydrate: 24 g pro Portion

Kichererbsenmehl

500 g | | 1 Min.

500 g getrocknete Kichererbsen

- Die Kichererbsen im Mixtopf **1 Min./ Stufe 10** mahlen.
- Das Kichererbsenmehl in einem luftdichten Behälter aufbewahren. So hält es sich etwa 3 Monate.

Kohlenhydrate: 44 g pro 100 g

Quinoamehl

500 g | | 1 Min.

500 g Quinoa

- Den Quinoa im Mixtopf **1 Min./Stufe 10** mahlen.
- Das Quinoamehl in einem luftdichten Behälter aufbewahren. So hält es sich etwa 3 Monate.

Kohlenhydrate: 61 g pro 100 g

Tomatenketchup

30 Min.

1 Schraubglas à 500 g | | 40 Min.

½ rote Paprika, ½ Apfel, 1 kleine Zwiebel, 10 g Rapsöl, 60 g Birkenzucker (oder Reissirup), 30 g Weißweinessig, 400 g passierte Tomaten, 2 EL Tomatenmark, 1 EL Currypulver, ¼ TL Chilipulver

- Die Paprika waschen, putzen und entkernen. Den Apfel entkernen und grob zerkleinern. Die Zwiebel abziehen und halbieren. Alles in den Mixtopf geben und **10 Sek./ Stufe 5** zerkleinern.
- Das Rapsöl dazugeben und das Gemüse **3 Min. 30 Sek./100 °C/Stufe 2** dünsten.
- Den Birkenzucker, den Essig, die passierten Tomaten, das Tomatenmark, Curry- und Chilipulver hinzufügen und alles **30 Min./98 °C/ Stufe 1** köcheln lassen. Den Ketchup **1 Min./ Stufe 6** pürieren.
- Den Ketchup in ein Schraubglas füllen. Im Kühlschrank bleibt er bis zu 2 Wochen frisch.

Tipp: Wenn der Ketchup länger haltbar sein soll: einfach heiß in ausgekochte Einmachgläser oder Flaschen füllen.

Kohlenhydrate: 3 g pro EL

▸ *Tomatenketchup*

Gegarte Kichererbsen

4 Port. | *55 Min.* | *60 Min. + 12 Std. Einweichen*

100 g getrocknete Kichererbsen, 1300 g Wasser

- Die Kichererbsen über Nacht in reichlich kaltem Wasser einweichen.
- Kichererbsen in den Gareinsatz geben und unter fließendem Wasser abspülen.
- Wasser in den Mixtopf einwiegen und den Gareinsatz einsetzen. Die Kichererbsen **55 Min./Varoma/Stufe 1** garen.

Tipp: Für den Vorrat lassen sich gegarte Kichererbsen auch prima einfrieren.

Kohlenhydrate: 11 g pro Portion

Gegarte Quinoa

20 Min. | *4 Port.* | *25 Min.*

150 g Quinoa, 1000 g Wasser, ½ TL Salz

- Quinoa in ein feines Sieb geben und mit warmem Wasser waschen, um Bitterstoffe zu entfernen.
- Das Wasser mit dem Salz in den Mixtopf geben.
- Den Gareinsatz einhängen, Quinoa hineingeben und **20 Min./Varoma/Stufe 1** garen.

Tipp: Tauschen Sie den Reis als Beilage einfach öfter mal gegen Quinoa aus. Ihre Garzeit ist ähnlich, daher lässt sich Quinoa auf die gleiche Weise wie Reis im Thermomix zubereiten.

Kohlenhydrate: 23 g pro Portion

Gegarter Buchweizen

4 Port. | *23 Min.* | *20 Min.*

100 g Buchweizen, ¼ TL Salz, 500 g Wasser

- Den Buchweizen mit Salz und Wasser in den Mixtopf geben und **20 Min./100 °C/ Linkslauf Stufe 2** garen. Eventuell verbliebene Garflüssigkeit über einem Sieb abgießen.
- Buchweizen ist eine gute Alternative zu Reis und lässt sich prima als Beilage verwenden. Ebenso gut passt er in Salate, Suppen oder auch süße Müslis.

Tipp: Buchweizen bringt Abwechslung in den Low-Carb-Speiseplan. Er enthält fast 10 Prozent hochwertiges Eiweiß und ist sehr reich an Mineralien. Und weil besonders viele Ballaststoffe drinstecken, sättigen die Körner extrem gut. Übrigens: Trotz seines Namens ist Buchweizen nicht mit Weizen verwandt. Er zählt wie Quinoa zu den Pseudogetreiden.

Kohlenhydrate: 16 g pro Portion

Mandelmehl

200 g | 1 Min.

200 g Mandeln

- Die Mandeln im Mixtopf **10 Sek./Stufe 10** mahlen.
- Das Mandelmehl hält sich in einem luftdichten Behälter einige Wochen. Durch den relativ hohen Fettgehalt wird es jedoch nach einiger Zeit ranzig. Sie können es auch einfrieren – im Gefrierschrank bleibt es monatelang frisch.

Tipp: Das Mehl ungeschälter Mandeln hat eine bräunliche Farbe, ähnlich dem von Vollkornmehl. Wer z. B. für Kuchen ein helleres Mehl bevorzugt, kann die Mandeln vorher blanchieren (siehe nächstes Rezept). In puncto Geschmack nehmen sich beide Varianten aber nicht viel.

Kohlenhydrate: 4 g pro 100 g

Blanchierte Mandeln

10 Min.

200 g | 15 Min.

1000 g Wasser, 200 g ungeschälte Mandeln

- Das Wasser in den Mixtopf einwiegen und **8 Min./100 °C/Stufe 1** aufkochen. Die Mandeln dazugeben und **2 Min./100 °C/Linkslauf Rührstufe** aufkochen.
- Die Mandeln in ein Sieb abgießen, die Mandelkerne aus den Schalen drücken und vor der weiteren Verwendung gut trocknen lassen.

Tipp: Wenn es schnell gehen muss, nach dem ersten Schritt die Mandeln im Mixtopf nochmals **1 Min./Linkslauf Stufe 4** verrühren. Dadurch löst sich die Mandelhaut ganz von allein und das mühsame Herausdrücken der Kerne kann man sich sparen – allerdings können die Kerne teilweise auseinanderbrechen.

Kohlenhydrate: 4 g pro 100 g

200 g | 5 Min. + 2 Tage Durchziehen

Vanille-Birkenzucker

1 Vanilleschote, 200 g Birkenzucker

- Die Vanilleschote in Stücke schneiden und in ein Schraubglas geben. Das Glas auf den Mixtopfdeckel stellen und den Birkenzucker einwiegen. Alles einmal kräftig durchschütteln und zwei Tage trocknen lassen.
- Den Vanille-Birkenzucker-Mix in den Mixtopf geben und **20 Sek./Stufe 10** mahlen. Den Vanille-Birkenzucker zurück in das Glas füllen und gut verschlossen aufbewahren.

Kohlenhydrate: 0 g pro EL

REZEPT- UND ZUTATENVERZEICHNIS

L

M

N

O

P

Bibliografische Information der Deutschen Nationalbibliothek
Die Deutsche Nationalbibliothek verzeichnet diese Publikation in der Deutschen Nationalbibliografie; detaillierte bibliografische Daten sind im Internet über http://dnb.d-nb.de abrufbar.

Programmplanung: Uta Spieldiener
Redaktion: Annette Barth
Bildredaktion: Christoph Frick

Layoutkonzeption: Gramisci Editorialdesign, München

Bildnachweis:
Umschlagfoto: Meike Bergmann, Berlin
Fotos im Innenteil: Meike Bergmann, Berlin

1. Auflage 2017

© 2017 TRIAS Verlag in Georg Thieme Verlag KG, Rüdigerstraße 14, 70469 Stuttgart

Printed in Germany

Satz und Repro: Fotosatz Buck, Kumhausen
gesetzt in: Adobe InDesign, CS6
Druck: AZ Druck und Datentechnik GmbH, Kempten

Gedruckt auf chlorfrei gebleichtem Papier

ISBN 978-3-432-10314-3 1 2 3 4 5 6

Auch erhältlich als E-Book:
eISBN (ePub) 978-3-432-10316-7

Wichtiger Hinweis: Wie jede Wissenschaft ist die Medizin ständigen Entwicklungen unterworfen. Forschung und klinische Erfahrung erweitern unsere Erkenntnisse. Ganz besonders gilt das für die Behandlung und die medikamentöse Therapie. Bei allen in diesem Werk erwähnten Dosierungen oder Applikationen, bei Rezepten und Übungsanleitungen, bei Empfehlungen und Tipps dürfen Sie darauf vertrauen: Autoren, Herausgeber und Verlag haben große Sorgfalt darauf verwandt, dass diese Angaben dem Wissensstand bei Fertigstellung des Werkes entsprechen. Rezepte werden gekocht und ausprobiert. Übungen und Übungsreihen haben sich in der Praxis erfolgreich bewährt.

Eine Garantie kann jedoch nicht übernommen werden. Eine Haftung des Autors, des Verlags oder seiner Beauftragten für Personen-, Sach- oder Vermögensschäden ist ausgeschlossen.

Geschützte Warennamen (Warenzeichen®) werden nicht besonders kenntlich gemacht. Aus dem Fehlen eines solchen Hinweises kann also nicht geschlossen werden, dass es sich um einen freien Warennamen handelt.

»Thermomix®« ist eine eingetragene Marke. Der Verlag unterhält keine rechtsgeschäftlichen Beziehungen zur Firma Vorwerk. Der Verlag trägt die alleinige Verantwortung für die Inhalte dieses Werks.

Das Werk, einschließlich aller seiner Teile, ist urheberrechtlich geschützt. Jede Verwertung außerhalb der engen Grenzen des Urheberrechtsgesetzes ist ohne Zustimmung des Verlags unzulässig und strafbar. Das gilt insbesondere für Vervielfältigungen, Übersetzungen, Mikroverfilmungen und die Einspeicherung und Verarbeitung in elektronischen Systemen.

LIEBE LESERIN, LIEBER LESER,

hat Ihnen dieses Buch weitergeholfen? Für Anregungen, Kritik, aber auch für Lob sind wir offen. So können wir in Zukunft noch besser auf Ihre Wünsche eingehen. Schreiben Sie uns, denn Ihre Meinung zählt!

Ihr TRIAS Verlag

E-Mail-Leserservice
kundenservice@trias-verlag.de

Lektorat TRIAS Verlag
Postfach 30 05 04
70445 Stuttgart
Fax: 0711 89 31-748

Besuchen Sie uns auf facebook!
www.facebook.com/trias.tut.mir.gut

Lassen Sie sich inspirieren!
www.pinterest.com/triasverlag

Jede Diät braucht Basen

Beste Mineralqualität für Energie und Wohlbefinden

In jeder Apotheke
PZN: 03755779

PRODUKT DER Kölner Liste · ENGAGEMENT FÜR SAUBEREN SPORT

EUROPEAN VEGETARIAN UNION · V-LABEL.EU
VEGAN

Jede Diät führt zum Abbau von Körperfett. Das ist sehr gut, bedeutet für den Organismus aber auch eine erhöhte Säurebelastung. Deshalb ist es während einer Diät besonders wichtig, auf eine basenreiche Ernährung zu achten. **BasenCitrate *Pur*** unterstützt Sie dabei.
Die besondere Zusammensetzung von **BasenCitrate *Pur*** wurde nach vielen Überlegungen und Gesprächen mit Wissenschaftlern entwickelt. Bei unausgewogener Ernährung kann **BasenCitrate *Pur*** den Stoffwechsel in besonderen Belastungsphasen wie Diät, Fastenkur, Sport oder Stress nachweislich entlasten.

Wirkungsvolle Tagesdosis:

360 mg **Magnesium**	600 mg **Kalium**	20 µg **Vitamin D3**	5 mg **Zink**	260 mg **Calcium**

www.basencitrate.de

Wie sauer sind Sie? Einfach online testen!

Auf unserer Website **www.basencitrate.de** finden Sie neben dem Säure-Test auch vertiefende Informationen zum Säure-Basen-Haushalt. Dazu wertvolle Tipps und Rezepte für eine basenreiche Ernährung und Wissenswertes rund um die Themen Diät und Bewegung.

Die Teststreifen von **BasenCitrate *Pur*** gibt es in der Apotheke. 26 Harn-pH-Wert-Teststreifen, PZN: 2067497

Besuchen Sie uns auf **facebook**